U0782939

光明版
GUANGMING VERSION

改变，从家庭亲子阅读开始

窦羿 著

光明日报出版社

图书在版编目（CIP）数据

改变，从家庭亲子阅读开始 / 窦羿著 . -- 北京：
光明日报出版社，2022.7（2022.10重印）
　ISBN 978-7-5194-6664-0

　Ⅰ . ①改… Ⅱ . ①窦… Ⅲ . ①儿童教育－家庭教育－
阅读辅导 Ⅳ . ① G78 ② G252.17

　中国版本图书馆 CIP 数据核字（2022）第 103356 号

改变，从家庭亲子阅读开始
GAIBIAN CONG JIATING QINZI YUEDU KAISHI

著　　者：窦羿	
责任编辑：舒心 曲建文	策　　划：李淑华
封面设计：安世鹏	责任印制：曹诤
责任校对：傅泉泽	

出版发行：光明日报出版社
地　　址：北京市西城区永安路 106 号，100050
电　　话：010-63169890（咨询），010-63131930（邮购）
传　　真：010-63131930
网　　址：http://book.gmw.cn
E - mail：gmrbcbs@gmw.cn
法律顾问：北京市兰台律师事务所龚柳方律师

印　　刷：北京雅图新世纪印刷科技有限公司
装　　订：北京雅图新世纪印刷科技有限公司
本书如有破损、缺页、装订错误，请与本社联系调换，电话：
010-63131930

开　　本：145mm×210mm	印　　张：8.75
字　　数：175 千字	
版　　次：2022 年 7 月第 1 版	
印　　次：2022 年 10 月第 2 次印刷	
书　　号：ISBN 978-7-5194-6664-0	

定 价：68.00 元

昫昫

2 岁爱上阅读，不给书就大哭

3 岁双语可以流利交流

4 岁可以独立阅读英文书籍

不到 5 岁，高分通过了国际成人英语口语口译考试（ISEIT）一级，以及国际少儿英语口语认证考试（ISET-YL）全部五个级别的考试。

5 岁可以阅读英文版《哈利·波特》

5 岁半能够阅读纯英文版的哲学著作《苏菲的世界》

6 岁可以熟练玩 12 岁到成人的玩具

▲ 扫码观看昫昫的阅读报告

作为父亲，带孩子是我此生最精彩的旅程

孩子出生后，为了妻子的工作不受影响，我放弃了自己的事业全职带孩子。6 年过去了，孩子快乐懂事，健康好学，热爱读书，孝顺乖巧，喜欢帮助别人。我的妻子没有因为生育落下任何病痛，事业蒸蒸日上。带孩子，也是我爱妻子最好的方式。

刚开始做奶爸时，每天的时间都被占得满满的：哄睡、换尿布、洗澡、清洗脐带、做抚触、带他晒太阳（预防新生儿黄疸）、给妻子按摩、做"月子餐"、打扫卫生……等到凌晨他们母子都睡下了，我再独自到卫生间关上门，小声地手洗昀昀的衣物。有时候忙到凌晨一两点，刚想坐在电脑桌前处理一点工作，昀昀就又哭了。早上 5 点之前，我要准时起床给妻子炖汤。月子里，我怕妻子抱孩子伤身体，从没让她费力抱过孩子，喂奶也是放在哺乳枕上，三个月一晃而逝，妻子没有落下任何月子病，就是发现她不太会抱孩子了，而我的左手腕，则得了严重的腱鞘炎。三个月里，宝宝茁壮地成长着……

这就是我们故事的开始。

2022 年 1 月 18 日写于北京

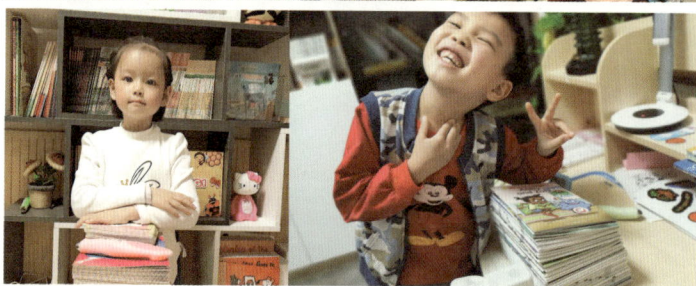

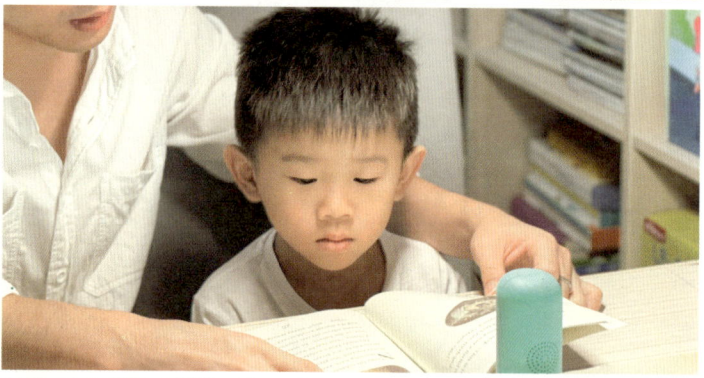

目 录

育儿有序

昫昫不可思议的成长史

▲ 昫爸和昫昫

刘瑜在《愿你慢慢长大》中说：母亲对孩子的爱，不过是她为生孩子这个选择承担的后果而已，谈不上什么"伟大"。也因为生孩子是件自私的事情，也不敢对孩子的未来有什么"寄望"。

这段文字很清透，让"望子成龙"一下子没了基础，但也许还可以更好。当父母对孩子的寄望更加恰当，更贴合孩子的成长，我还是很希望父母自信而骄傲起来，以"伟大的父母"为追求，追求着伟大。不然，你让孩子怎么办？

我坚信认真陪伴孩子的父母，都会感受自己的伟大，因为没有借口，也不需要借口。

这些年有股劲儿一直在内心坚实而且越来越扎实，可以用这样一句话描述：如果你决心培养未来建设祖国的栋梁，就很可能培养出国家级的人才。

你面对世界的时候，世界也必须面对你。

137 亿年前，宇宙诞生的 DAY1，那再之前呢？怎么会从无到有？时间是怎么来的？

当我的孩子 6 岁开始读哲学书籍，我在思考他什么时候阅读《时间简史》时，回头却看到无数父母还在聚焦孩子试卷上的那几道考题和分数，心中不免黯然。我希望，和这些焦虑的父母好好聊聊天，天地之大，孩子即未来。

我叫昫爸，曾经 44 个月全职带孩子。

"昫"的含义是：一日一句，我爱你。是我对昫妈爱的寄托。我爱她一生一世，每天都会说一句："我爱你。"我的孩子由此叫了昫昫，我是昫昫的爸爸，现在大家都叫我昫爸。

我希望你不要介意我的这个名字"昫爸"，我也会很坚持这个名字。原因有二：

其一，我花了很多时间精力和心思在育儿启蒙上，我结识了宝宝父母这个大圈子，无论是上游泳早教课，还是上幼儿园，遇到的父母群体，彼此间都会有一个约定俗成的名字，某某妈，某某爸。我坚持叫昀爸，就是希望很多读者都能感受到我是和他们一样的普普通通的家长。如果我能做到的事情，那很多很多的家长也都可以做到，也一定可以做到。

其二，作为一个影响着很多家庭的引导者，我希望以"昀爸"这个名字时刻提醒自己，影响不能是片刻的被感动，我提出的每一个方法都被印证过，我的所言都应该陪伴一个家庭至少16年，待你们的孩子步入大学或者工作岗位，我肩上的责任，从我叫"昀爸"开始，成就此生。

我家昀昀今年5岁8个月了，已经喜欢上了哲学，最近在读全英文版本的《苏菲的世界》。趁年少，立小专。这绝对不是我育儿的任何一个时刻有过的期待，只是一路陪伴的遇见，遇见未来。

▲ 昀爸一家三口

孩子刚出生时，我和妻子的双方父母都不在身边，我走进产房陪产，亲眼看着孩子出生，我对妻子的爱和责任也在那间产房里达到了燃点。从那时开始，我的人生规划里，一定有一条，就是尽我所能让妻子幸福快乐，身体健康，我与她手拉着手，从青丝到白发。

妻子走出产房，想要自行去洗手间，我执意不让，紧贴着搀扶她，就在她刚准备蹲下的时候，失去了意识，已经熬了三天三夜的我，那会儿也是有点迷迷糊糊的，但突然感觉妻子在怀里失力，顿时全醒，瞬间使上浑身力气紧紧扶住妻子，那一刻她的前额距离马桶边缘只有几厘米。如此惊险地，我们幸免一难。也从那里开始，我身上每一处的敏感细胞活力全开，历经几年。

▲ 昫爸全职带昫昫

我很快熟练了给孩子洗澡、做抚触、换尿布、洗衣物、哄睡、夜里陪妻子哺乳。孩子100天的时候，妻子发现她已经不会抱孩子了，我因为长时间抱孩子和严重睡眠不足，患上了腱鞘炎。

有一次，我们出去看一位长辈，长辈说抱一下孩子，结果孩子哭了起来，她赶快还回来给妻子，可是，妻子当时没敢接，我赶快一步接过孩子。出来后，妻子告诉我，她即便抱过孩子来，孩子还是会哭的。

我们的昀昀，小小的，就这样在我的怀抱里，一点点地成长了起来。

我的养育从学步、脑发展、感统及蒙氏（AMS AMI）、语言启蒙、儿童心理学、亲子关系六个方面着手孩子的启蒙成长，但在孩子一岁之前，我只做一件事情，这件最重要的事情，就是要让孩子健康地成长。育儿绝不能急，急而不得。

很多小龄父母都会大量阅读养育启蒙的书籍，于是知道孩子阅读学习的一些理论，但一旦用于实践，就严重跑偏，最终无果。这些父母联系到我，我也会转而研究他们为何育儿路上出现偏差。

孩子的确是天生的学习者，他们从一出生，就开始阅读这个世界，但阅读和学习并不仅仅局限于书本，这个世界很大、很美。

育儿是艺术，自然之大美，人性之大善。如果育儿的过程没有感觉到美好，而是急吼吼地东拉西扯着，赶赶落落地全家鸡飞狗跳，那结果怎样，不言而喻。所以，很多父母都是书握在手，却因揠苗助长，甚至连根拔起，而起了反向效果。

育儿是艺术，讲究的是节奏和系统，在孩子四个半月的时候，我就把他抱在怀里，开启了我提倡并践行的"怀抱坐立式亲子绘本阅读"，这是我将儿童心理学运用于自由自主阅读（Free Voluntary Reading, FVR）的早期实验。

当孩子早期"安全感"建立在了亲子阅读的方向上，由安全感到精神、情感，支配行为，就很可能让孩子未来一生都热爱阅读。从目前大量的读者反馈，以及我自身的经验来看，结果喜人。

而我的亲子阅读起步就是"不急"。

孩子 3 个月大，我每天花 4～5 小时围着孩子阅读，让他慢慢对父亲阅读这件事情有所意识。而孩子拿起书啃咬也好，丢开也好，我并不在意（小龄孩子"啃咬"和"丢书"是孩子喜欢书的最初的重要表现，本书后面方法中会有详细阐述）。

昫昫 2 岁时，就已经可以连续阅读至少一小时，而且，如果不阻止他，他会一直阅读下去，如果中途拿走他的书，他会大哭起来。

有读者说我的英语职业背景是孩子语言启蒙顺利的前提，这点是不符合事实的。因为，我从来不直接教孩子语言。语言是无法通过直接教学，达到一定水平的，阅读也是。

乔姆斯基的生成转换语法，不仅解释了过去英语学习的一些误解，也帮助我进一步厘清了孩子语言成长的自然而科学的规划。他用数学的逻辑告诉我们，复杂语法需要通过大量阅读，才可以被真正掌握。

2020年，一次在线语言学论坛上，乔姆斯基对话斯蒂芬·克拉申。克拉申所著的《阅读的力量》，我坚持认为是值得每一位父母认真看的，主要看第一章。

因克拉申，我知道了自由自主阅读（Free Voluntary Reading, FVR）这个概念，由克拉申和乔姆斯基，我概括出这样的内容：语言能力提升，包括词汇量的提升和语言的理解掌握，是很难通过直接教学实现的，要通过大量阅读，而更好的、更适合孩子的阅读方式，就是自由自主阅读。（轻松无压力的，父母不考核检查的，不需要死记硬背记单词语法的，由孩子自发选择阅读材料，阅读过程是一种快乐的阅读方式。）

▲ 昀爸提倡自由自主阅读

由此，我最终在孩子5岁9个月的时候，规划出这样一条线路：

父母（只有父母才能成为孩子的专属育儿专家），在最初的1～2年悉心陪伴孩子，无微不至地关注孩子的吃喝拉撒，在快乐的育儿陪伴中，给孩子更多的阅读素材（包括听和看的资料和实物以及环境），一定要带着舒服、轻快、放松的心情快乐陪伴孩子的每一天，并结合孩子的自然成长生理特点，因需供给孩子足够的阅读资料，由陪伴孩子的阅读兴趣，到养成孩子良好的阅读习惯，最终让孩子成长为一名终身爱阅读的孩子。

在陪伴中，我们因为遵循儿童心理学、个体心理学和亲子关系理论方法，以及结合家庭实践和个体特点，亲子关系将随着孩子的成长，越来越亲密。

昀昀非常孝顺，很爱做家务，5岁9个月时就可以做出一顿简单的蛋炒饭。他从上幼儿园的第一天开始，就特别喜欢幼儿园，喜欢老师和小朋友。

家校联合是我和昀妈非常赞赏的共育方式，在幼儿园期间，我们和孩子的老师就配合紧密。

"双减"政策是让我和昀妈更为欢欣鼓舞的大好政策，昀昀热爱阅读，自然也热爱学习，考试是筛选孩子的方式，而阅读是培养孩子的未来。

"双减"政策让课业压力大幅降低，余下的时间，孩子可以更好地进行课外阅读，我也可以陪伴小朋友每天晚上九点钟准时入眠。

有一次，我和王大伟老师接受杨锐老师的采访。

王大伟老师问我："昀爸，你凭什么说你的育儿就是成功的呢？你能保证孩子到了65岁的时候，依然是成功的吗？"

我回答道："王老师，我不能保证。但是，我的孩子昀昀，从出生以来的每一天，都特别快乐。"

阿尔弗雷德·阿德勒在他的《自卑与超越》中有这样一段描述：

▲ 《自卑与超越》英文版

德国一位非常著名的社会学家发现，很多罪犯都来自打击犯罪的家庭。他们的父母往往是法官，警察或狱警。而很多教师子女的学习成绩，也常常落后于其他学生。我的经验也是如此。我遇到很多医生的孩子，都患有神经症。

世界太大了，"不普通"的孩子太多了，这些"不普通"的孩子，懂得如何打击父母最软弱的地方。

为什么会有"不普通"的孩子出现？因为，很多家庭都没有负责任地培养普通的孩子。家庭培养普通孩子，这是普通家庭生活的意义。

　　我是普通人，生长在普通家庭，是一名普通父亲，过着普通的日子，对未来有着普通的期待。这份期待里，有对国家教育"减负"政策落实的期待，这份期待里没有抖音、快手、西瓜这些短视频平台。

　　我16岁第一次使用手机，手机频繁使用也只是近几年，我每天用手机处理工作，阅读大量的书籍，从不看短视频，也很少看推送软文，但还是在40岁眼睛开始出现了问题。

　　而我的孩子，2岁多就开始使用手机听书虫Book Worm，我的很多读者父母都说，昀昀是他们家孩子的榜样。昀昀只用手机听素材，看动画片的次数我一只手的手指就能数过来。阅读的书量6岁前已过万册。

　　那其他孩子呢？如果越来越多的孩子，都长时间使用手机、电脑，玩游戏、刷短视频，也许很多青年二十几岁，眼睛就会出现严重问题。

　　我期待孩子的生活里有书，他们还会写信。

　　每个家庭的孩子，都只有亲生父母最珍惜。作为父母，我们不是资本、不追求学术成绩，我们绝对不会和未来对赌。

　　给大家分享一个昀昀的小故事。

　　一天下午3：30，昀昀约上好朋友一起去机场公园看飞机起落，5点不到，突然提前回来，原因是昀昀摔破了膝盖。

我给他擦药时，他一直在发抖，很疼。昀昀的朋友和朋友妈妈都在旁边安慰。昀妈说昀昀一直都没有哭，但也能看出来他在忍着疼。

不久之后，友人走了，只剩下我们一家人，昀昀还是很平静，没有丝毫矫情。到了晚上，他拉着我下了好几盘棋，我们从象棋、国际象棋、跳棋到军棋，从晚上7点多下到快10点。

两个膝盖都受伤，昀昀走起路来像一个老人。我一边看着他笑，一边想洗洗桌上留下的一串葡萄吃。

昀昀问我："Daddy，能不能给我留几个，我明天吃。"

我回答他："好啊，那我不吃了。"

昀昀看了看我，没说话。

洗漱完毕，我在电脑前工作，昀昀背对着我在那儿不知鼓捣着什么。

过了会儿，他拿着个盘子过来，指给我说："Daddy，我把葡萄分开了两边，一边有8个，明天就够我吃了，这边还有好多，Daddy你吃多的这边，一定要吃掉。"我点头答应，和他对亲了一下，互道晚安。

深夜，我离开键盘，伸个懒腰，看着那盘分开的葡萄，心里热热的。想着留给昀昀，但觉得不吃的话，可能会伤孩子的心，于是，一边洗葡萄，一边想着睡熟的昀昀，一会儿进屋亲他一下。

从昫妈怀孕到孩子 5 岁 9 个月，我从不应酬。即使后来创业，每天都会在下午 5 点准时下班，接上昫妈一起回家。

杨锐老师正式成为公司股东的欢迎会上，轮到他上台讲话，他提起曾经问过我最大的爱好是什么，我脱口而出："带孩子。"

我的育儿是成功的，我不想谦虚。因为，我非常明确育儿成功的定义，就是当你望向孩子的眼睛，你会感动，你会坚定而从容地相信，孩子未来一定对国家和社会有大用处。

▲ 昫昫在专注而愉快地阅读

我的育儿经验，给我的真实感受是快乐、享受和成就。

我最大的希望，是通过一本书，来影响更多的父母，能让他们愿意每天都多花一点点时间，陪伴孩子。

很多家庭喜欢驾车远行，当我们买一台车子，会拿到一本随车附赠的使用指南，也叫用户使用指南。

当孩子降生，作为新手父母，却没有一本专属于自己孩子的指南。这个指南重要吗？

我告诉大家我的经验：育儿一路，我阅读了超过 200 本全英文的育儿启蒙相关的著作，国内专家的书读得更多。

但当我把书里学到的道理、方法、技巧应用到自己孩子身上时，是不顺畅的，需要"翻译"。就是通过对自己孩子的了解，把专家的"言语"变成对自己孩子有用的东西。

这样的"翻译"就成了自己孩子的专属指南，我也就成了自己孩子的专属育儿专家。

这个过程难不难呢？我很诚恳地告诉大家，其实不难。

对于普通家庭的父母，咱们只要略读一些必备的书籍，把书里的内容，结合自己家庭、孩子的情况进行"翻译"，认真做好每一天的陪伴，那很快就会拥有一本属于自己孩子的专属指南。

其实，专属指南就是父母对孩子的深度理解，相应地，

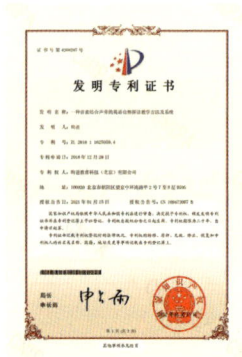

▲ 昀爸成功申请了家庭亲子双语阅读类国家发明专利

父母也就成为孩子的专属育儿专家。

在父母的专属陪伴下相信孩子一定会很优秀的，一定会成为一个德智体美劳，五育融合优秀的好孩子。上学父母不操心，进入社会，一定会成为建设祖国的栋梁之材。

而我希望，我的读者父母即将翻开的这本书，就是这样一本指南。

改变，
从
家庭亲子阅读
开始

上篇

自由自主阅读落地实操

听：英语启蒙从听开始

美国人在英语学习方面也有严重问题，很多美国人都会有阅读方面的问题。不少书籍文献都有这样的报道。比如，《揭秘英语的逻辑》（*Uncovering the Logic of English*），就是基于大量美国中小学生阅读能力差的现实，研究如何提升美国孩子的阅读能力的。如果没有阅读能力，孩子所有学科的学习也将成为问题。

语言学习很有趣，有它特定的逻辑顺序。

因为大脑的工作语言是声音语言，即便我们在阅读文字，但文字也是转变为声音（话语声）进入大脑。所以，能读懂，实则是能听懂。听懂语言，就是必要的前提。

所以，学习语言的顺序是：听、说、读、写。

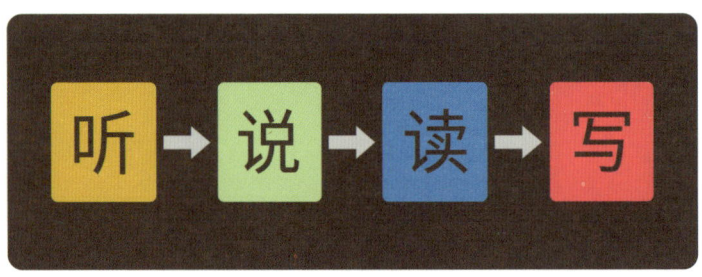

▲ 听、说、读、写

如何能听懂语言？

人类出生之后，在学习语言的过程中，都会经历"话语声输入简算"这样一个阶段。经历这个阶段之后，我们才能听清楚自己语言里的每一个字词——中国的孩子可以听清楚每一个汉字，美国的孩子可以听清楚每一个单词。

听清之后，才能把听得清的汉字或者单词和其对应的含义结合起来，然后认知、理解、记忆，词汇量越来越多，由词成句，慢慢理解整句的意思，语言的学习便慢慢并顺利地走上正轨。

"听清"，既是语言学习的前提，又是关键。

咱们中国的孩子学习英语，比起美国或者英国的孩子，到底有什么不同呢？

关键的不同点就在于是否出现英语语言的"话语声输入简算"。

什么是话语声输入简算？

咱们中国家庭的宝宝，从出生就在中文的语言环境中，父母家人和宝宝之间的互动，比如，喂奶、换尿布、抚触、洗澡时无意或者有意地和宝宝说着话，这种带有互动性的语言使得宝宝渐渐地认知到"什么是语言"——妈妈和宝宝间靠着唇、齿、喉、舌、声带发出有趣的声音，并且每天都在玩这种"一来一回"的好玩的游戏。父母之间也会一起玩，妈妈或者爸爸和爷爷、奶奶或姥姥、姥爷之间也会一起玩。

于是，在宝宝的头脑中，"什么是语言"慢慢地清晰了：

① 认识到语言的存在，语言是可以用来沟通交流的；

② 语言是以"你一言我一语"的方式进行的；

③ 语言是妈妈、爸爸与宝宝间的沟通方式；

④ 妈妈、爸爸之间，妈妈、爸爸和爷爷、奶奶或者姥姥、姥爷间也会用语言沟通。

在这个过程中，宝宝会进一步熟悉父母言语的意思，最先熟悉的是妈妈所讲的只言片语，例如，宝宝的名字，妈妈喂奶、换尿布时说的话。

虽然熟悉，但这些只言片语宝宝并不能"听清"，更多的是通过其长短、声调的高低起伏从整体上加以记忆，我们称之为"话语流"记忆。

在婴儿期一定要和宝宝多说话，进行对话练习，并一定要说"儿语"，才更有利于宝宝对于语言的认识、认知和识别。

所谓儿语，就是语速较慢、抑扬顿挫、音调高、简单且多重复的说话方式。

在"话语声输入简算"开始前，宝宝因为无法"听清"语言，所以，就像年迈耳背的老人，如果无法辨别"杯子"和"痱子"，就无法正常交流。正如上文所说："听清"，既是语言学习的前提，又是关键。

改变会发生在宝宝 6～8 个月大时，宝宝的大脑开启了话语声输入简算。

话语声输入简算，就是宝宝的大脑从他熟悉的语言中摘出这门语言中所有最小的声音单元的过程。中文里，最小的声音单元，我们称之为声母、韵母；英语里，最小的声音单元，我们可以称之为音素。

声母、韵母大家应该都很熟悉，例如，fei 这个拼音里，包含声母 f 和韵母 ei。中文里有 23 个声母，24 个韵母，一共 47 个，当它们都被孩子的大脑通过话语声输入简算摘出来之后，孩子便开始自主地练习通过最小的声音单元听每一个汉字，汉字就可以听得很清楚，这时孩子的听力就能达到或者非常接近成年人的水平。

在家庭中，宝宝靠听家庭成员的话语来摘取 47 个声母、韵母，但这些声母、韵母的发音可能不会那么清楚、准确，因为家庭成员会有不同的地方口音，所以孩子早期的言语会很"含混"，趋同于家庭成员的地方话。

孩子的发音情况会在进入学校，系统学习声母、韵母的标准发音和汉语拼音之后得到改善。

话语声输入简算历时 10 个月，在宝宝 6～8 个月大时开启，最早在 1 岁 4 个月大时，孩子便能听清楚每一个字词，这时孩子的语言理解能力迅速提升，对语言的理解方式开始由字词急速转向句子。

因为对词句的理解力提升，孩子 16 个月大，这个年龄段可以作为阅读绘本的起始点，在此之前，外语学习会更容易，在这之后，会逐渐变得有难度，后文还会详述。

孩子一出生，父母就经常和孩子说话，孩子更容易具备更好的语言能力。如果父母从小就用儿语和孩子多说话、多互动，那么孩子话语声输入简算就开始得早，孩子会在更早的时期具备"听清"字词的能力，相应的是，孩子的语言能力会较其他孩子更强。

所以希望我的读者父母们，每天都能抽出至少 30 分钟时间，坚持和孩子在安静的环境下进行对话。家庭中的亲子对话，在不同时期会有不同的作用和意义。

虽然前文提到，对话对于孩子单词量的提高作用有限，但对于小龄孩子是相当有意义的，那就是能尽早开启话语声输入简算。而且，家庭亲子对话对于孩子以下 6 个领域的发

▲ 妈妈和孩子之间的亲子对话

展有非常重要的意义：

　　① 养育及学步；

　　② 脑发展；

　　③ 感觉统合；

　　④ 母语言及外语学习；

　　⑤ 儿童心理学；

　　⑥ 亲子关系。

　　家庭亲子间，在安静的环境下进行对话练习，关于这部分内容，我把它放在了本书的附录部分，大家可以进一步详细了解具体该如何操作。

语言处理速度，又是一个新的概念，对于孩子的学习至关重要。简单来讲，语言处理速度，就是单位时间，孩子能理解的文字总量。

语言处理速度快的孩子，语言理解能力强，课堂上老师讲的内容听起来不费力；语言处理速度低的孩子，就会出现理解能力偏弱的问题，听课听不明白，学习跟不上。

当然，在孩子的不同时期，对孩子的语言处理速度的发展，产生影响的因素也会有所不同。比如，早期脑发展、家庭亲子对话、感觉统合等，都会对孩子的语言处理速度有比较大的影响。

2～3岁的孩子，通过自由自主阅读，语言处理速度会有很好的发展，关于这一点，后文再详述。

在此，我想先强调一下，从孩子出生起，每天进行亲子对话，能在早期帮助孩子具备理想的语言处理速度。每天30分钟，在安静的环境下用中文和孩子进行对话练习，只是一个基本要求，家长应该每天都尽可能多地和孩子聊天，从出生就开始！

有了早期好的语言处理速度，继续谈语言学习发展才有意义。

接下来，开始谈话语声输入简算之于中国家庭孩子的英语学习。

中国的家庭普遍没有英语语言环境，孩子在 6～8 个月时，不会把英语视为语言，大脑也就不会开启英语语言的话语声输入简算，也就无法像母语中文一样，经过 10 个月具备接近成人的语言听力水平，孩子是无法"听清"英语语言的。

在听不清英语语言的前提下，给孩子听再多的英语素材，也像前文年迈耳背的老人的例子，听不清，就无法辨识，无法辨识就根本谈不上理解，而理解不了的内容听得再多也没有意义。

如此说来，中国家庭的孩子出生以后，如果没有可以和他用英语交流的家人，就不能开启英语的话语声输入简算，就没有办法学好英语了，是吗？

当然不是。

昀爸系统语言学方法论，要阐明的一个重要问题，就是如何让中国家庭的孩子能够真正听得清、听得懂英语。这一方法，同样适用于其他语言的学习。

其实，很简单，既然话语声输入简算的目的是从语言里摘出所有的最小声音单元，那直接把这些最小的声音单元给孩子听，不就可以了吗？

在过去 4 年，我通过大量家庭的实践反馈得出结论：这个猜想完全成立。

也就是说，直接给中国家庭的孩子听英语的音素，就可以帮助孩子"听清"英语，并逐渐具备接近英语母语国家孩子同等水平的英语听力。

我的读者父母们，你们头脑中颇为熟悉的"英语听力"，到底是什么呢？

"英语听力"主要包含3个要素：选择性听力能力、音素水平字词力（音素辨识力）、声音（话语声）和意义对应。具备了这3个要素，孩子就可以听懂英语，而且能够像美国、英国这些英语母语国家的孩子一样听懂英语。

在开启下面的篇章之前，我想再次强调一下，能听会说英语，也许是很多英语学习者未曾完成的梦，但语言学习可不止于此。能听懂英语，那就可以识字阅读了，我们的母语中文也是如此。

▲ 小朋友跟自己阅读的绘本愉快合影

当孩子可以开始大量阅读，并阅读"真书"时（相对于绘本而言的全文字书籍），那就离具备优秀的阅读能力、语言能力不远了。而一旦孩子具备优秀的阅读能力，那孩子就会非常爱阅读，爱学习，未来孩子的学习一定无忧。

语言，是一切学科的基础。

当然，阅读大部头的"真书"之前，孩子还有很长的路要走，需要父母帮助的其实只是最初的一两年，后面孩子爱学、会学，父母就会非常轻松了。

我们还是先从如何帮助孩子能听懂语言开始吧。

先来看看"选择性听力能力""音素水平字词力""声音和意义对应"各自包含的具体内容，接下来还会给大家介绍听力练习的快捷方法。

选择性听力能力

几年前，与我的读者聊起选择性听力时，我发现不少家庭，在孩子听音素时收看电视，而且电视声音调得很高；家人之间聊天，完全不顾孩子正在听着英语素材；有的父母嫌点读笔音量太低，居然要买外接播放器……这些做法或影响孩子学习效果，或可能对孩子的听力造成严重伤害，让我迫切地觉得，应该尽快、尽早，系统地把选择性听力能力跟家长梳理一下。

（一）定义

选择性听力就是从背景声中摘出前景声的能力。背景声，我们在听的那一刻不想听到、想要排除的声音，比如，环境噪声；前景声，我们想要听清楚的声音。

举例来说，在行驶的地铁里，我们和朋友聊天，我们想听清楚朋友的话，朋友说的话就是前景声，同时，干扰我们听清楚前景声的，比如，周围其他乘客说话的声音、地铁行驶的声音等，这些我们不想听到的声音，就是背景声。

将听清的声音和意义对应，辨识、理解、认知，这是语言学习的基础。我们能够听清一个声音，并且明白声音的含义，是因为我们具备选择性听力。

当宝宝听到门口拖鞋踩踏地板的声音，然后爸爸回家了，宝宝就理解了这个声音的意义是：爸爸回家了。

宝宝出生之后，并不具备选择性听力，只有"听见的能力"，和发展选择性听力的能力。

宝宝出生就具备听见的能力，能够听见周围所有的声音，包括水滴声、开门声、拖鞋声、父母的说话声，等等。这些声音无差别地进入宝宝的耳朵，宝宝的大脑对所有这些声音不进行任何辨识或者分类。早在孕期 7 个月时，宝宝便逐渐具备听见的能力，所有声音均可以无差别地入耳。

宝宝只有听见的能力，肯定是不可以的。随着月龄的不断增长，宝宝的听力不能仅仅停留在"听见"的水平上，需要父母协助宝宝发展优秀的选择性听力。

（二）培养选择性听力的重要性

宝宝自出生仅具备听见的能力，不具备选择性听力。同时，宝宝拥有发展选择性听力的能力。

选择性听力的发展受到很多因素的影响，可以归纳为两大类：

第一类，周遭环境的影响；

第二类，家长主观意识的影响。

如果宝宝的成长环境并不是特别理想，家长主观上也没有认识到该能力对宝宝的重要意义，没有认真加以培养，那么宝宝的选择性听力能力的发展可能不尽如人意。导致的后果是，孩子上小学之后，注意力很容易分散，会被教室内外各种声音吸引，难以集中注意力听老师讲课。

宝宝 0～3 岁是选择性听力发展的关键时期。选择性听力也需要持续予以关注，至少在入学前，父母要对此予以足够的关注。

（三）如何培养选择性听力能力

周遭环境和家长主观意识是影响孩子选择性听力发展的重要因素，我们就从这两方面谈如何培养孩子的选择性听力。

1. 周遭环境的影响

环境噪声，电视的背景声，父母语速过快的说话声，这些声音都会影响孩子的选择性听力的发展。所以，家长一定要坚持做环境降噪——降，降低；噪，噪声，给孩子营造一个安静、舒适的环境，让孩子能在这种环境里辨听声音。

父母语速过快的说话声，也是噪声。父母语速过快的说话声，怎么也成了噪声呢？

前文讲过，宝宝6个月大前，通过捕捉父母的"只言片语"，整体识别"只言片语"对应的意思，并逐渐理解它们的意义。比如，听到"换尿布啦"，虽然还不能听清每一个字，但因为是反复重复的"只言片语"，并且"换尿布啦"清楚对应着接下来换尿布的事情发生，慢慢地，宝宝就理解了其意义。

但是，如果父母说话语速过快，孩子无法捕捉，自然谈不上理解其含义，那么父母的说话声自然失去了语言的意义，也就成了背景噪声。

2. 家长主观意识的影响

家长有意识地培养和保护孩子的选择性听力，那孩子的选择性听力自然有发展得更好的可能性。需要注意至少以下5个方面。

第一，环境降噪。尽量不要有电视背景声音，16个月大之前，尽量不要给孩子播放英文儿歌，听钢琴曲或者其他舒缓的音乐（没有话语声）都是可以的。

第二，父母和宝宝说话尽可能使用儿语。儿语是父母与宝宝进行沟通的特有方式。大量数据表明，宝宝0～12个月大时，父母是否和宝宝使用儿语进行沟通交流，对孩子后期语言能力的发展有重要影响。

第三，多听舒缓的钢琴曲。钢琴曲每天听2～3次，每次不超过5分钟。已有研究表明，听钢琴曲对孩子的音素辨识有正向的促进作用。环境中一个有固定节奏的可辨识的声音，对孩子的选择性听力能力的培养有正向促进作用。

▲ 听钢琴曲，孩子会跟着开心地翩翩起舞

第四，多听音素。父母希望早给孩子英语启蒙，应每天坚持听音素。每天6次，选择不同时段，每次给孩子听1～2遍。建议最佳收听时间是孩子睡前和刚刚醒来。

第五，制造声音。在不同距离和方向上轻声呼唤宝宝的名字，或者制造不同的声音，让宝宝去寻找。

制造的声音，可以是开房门或者开冰箱门的声音，可以是穿着拖鞋走路时故意踢踏地板的声音，又或用手摩挲婴儿床、轻敲床沿的声音等。

在不同方向、不同距离、不同方位上，轻声呼唤宝宝的名字，或者制造不同的声音，引导宝宝寻找声源，询问宝宝声音是从哪里来的，从哪个方向来的。当然，仅仅知道方向是不够的，还要具体到方位，知道具体的声音发出的位置在哪儿。

随着宝宝的不断成长，他应该可以越来越准确、越来越快速地确定声源的位置。这也是父母用以判断孩子选择性听力发展的一种方式。

▲   选择性听力能力培养路径图

音素水平字词力

孩子听到一个单词，能够将组成这个单词的每一个最小声音单元——音素，都听得清清楚楚，这在我们的语言启蒙方法体系里，被称为音素水平字词力，或者音素辨识力。这一能力是英语听力达到母语水平必需的前提。

很多人都有这样的认识：中国的英语学习者，阅读理解能力普遍比听说能力强。为什么呢？

因为在英语阅读过程中，我们能清楚地看到每一个单词，也能看清楚单词是由几个字母组成的，是如何拼写的。接下来把看清楚的单词和它的含义对应起来，记下这个单词，下次再见就认识了。

很多英语学习者，不喜欢英语阅读，而是通过课堂直接教学，背诵单词、翻译单句，一点一滴、艰苦地积累了一些英语语言。虽然艰苦，但还是有一些积累的。结合已有的单词积累和通过直接教学死记硬背下来的简单语法，能至少读一些英语文字。

对于很多英语学习者，听英语就完全不同了。因为，最初的积累非常少，没有办法听清英语，很难积累。

也可以再想象一个场景：一个患有近视的孩子，让他摘下眼镜站在远处看黑白板上写着的100个他还没学会的汉字，并让他记住每一个汉字的意思——他自然无法做到。

看不清，又该如何记忆呢？英语听力也是如此，听不清，又如何靠听学习英语单词和句子呢？

所以，在英语听力方面，我们遇到的最大问题是"听不清"。单词都听不清，如何能由词到句、由句到段地加以理解呢？可见，听力理解跟阅读理解如出一辙，"看得清""听得清"都是重要的前提。

孩子具备音素水平字词力，就能"听清"单词了，接下来将听清的单词和其对应的含义联系起来，比如，通过使用单词卡片，做"看""听"结合，或者父母给孩子阅读绘本、让孩子使用点读笔等文字转语音设备，实现"看""听"结合，都可以系统而有把握地让孩子积累单词，最终达到英语母语的听力水平。

（一）音素

1. 音素的定义

音素是话语声中最小的声音单位，它是看不见的。

就像我们说的话，需要用文字书写出来一样，音素也需要用相应的图形符号把它标写出来。标写音素的符号，我们称为音标。

音素是语言启蒙——不仅英语，对于我们的母语中文，以及其他外语，像德语、法语、俄语等一切语言的最重要的起始点。所有的语言里都有音素。

现代语言学家认为，英语里的 /tr//dr/ /ts//dz/ 并不是最小的声音单元，而是辅音连缀，即两个辅音连在一起。

而在实际教学过程中，我们发现，如果不教孩子 /tr/ 的发音，那么像 tree 这个单词，孩子很可能掌握不好 /tr/ 的发音，而把 /tr-i:/ 读成 /t-r-i：/。

所以，在我们的教学系统里，我把 /tr/ /dr//ts//dz/ 视为音素，让孩子听。

本书会赠送音素的音频文件。

元音

单元音
前元音 [iː] [ɪ] [e] [æ]
中元音 [ʌ] [ɜː] [ə]
后元音 [uː] [ʊ] [ɔː] [ɒ] [ɑː]

双元音
开合双元音 [eɪ] [aɪ] [ɔɪ] [ɪə] [aʊ] [əʊ]
集中双元音 [ɪə] [eə] [ʊə]

辅音

爆破音
清辅音 [p] [t] [k]
浊辅音 [b] [d] [g]

摩擦音
清辅音 [f] [s] [ʃ] [θ] [h]
浊辅音 [v] [z] [ʒ] [ð]

破擦音
清辅音 [tʃ] [tr] [ts]
浊辅音 [dʒ] [dr] [dz]

鼻音
浊辅音 [m] [n] [ŋ]

舌侧音
浊辅音 [l] [r]

半元音
浊辅音 [w] [j]

▲ 48 个音素

【注：扫码关注封面上的昀爸读书会微信公众号，在"服务咨询"一栏中点击"联系客服"并添加，即可获取文件。本书赠送的所有音频文件，皆可通过这种方式获取。下文不再赘述。】

2. 话语声和话语流的定义

除了音素，还有两个概念需要厘清，即话语声和话语流。话语声就是我们说话时带文字的声音，它可以是一个英文单词、一个中文字词；而话语流就是一个句子，或者一段话。

（二）话语声输入简算

我提出的话语声输入简算，是中国家庭的孩子在中文语言环境下，能够比诸如英国、美国等英语母语国家家庭的孩子，更早达到英语母语听力水平的关键理论支撑。

这里强调两点：

第一，有效运用话语声输入简算法，在中文语言环境下，也可以达到英语母语听力水平；

第二，不仅可以达到英语母语听力水平，实现的时间甚至可以比英国、美国家庭的孩子要更早。

写这本书时，我之前编写的书已经影响了大多家庭。这些家庭里，很多父母的英语并不是很好，有些父母连26个英文字母都不会，还有不识字的老人（之前的书有音频的版本）。同时，这些家庭绝大多数生活在中国，他们的孩子经过不到 10 个月的系统学习之后，都达到了英语母语听力水平。

1. 话语声输入简算前半程：音素解码

孩子 6 个月大时，第一次向一门语言倾斜。

中国家庭的孩子，朝着中文倾斜——开始用心去听这门语言。用心听不是要听清楚一个字或者一个词语，而是从语言里摘出所有的基本元素——音素。

中文的音素，我们还有另外一种叫法：声母和韵母，一共有 47 个，23 个声母，24 个韵母。

以我们的母语中文的学习为例，介绍一下话语声输入简算具体是怎么一回事。

孩子从 6 个月大开始，听到中文后，会从中摘出基本元素，即声母和韵母。选取的方式，简单说来是通过将汉字进行比较，从而筛选出不同的音素。

比如，"文"和"门"这两个汉字，比较会发现，一个读 wen，一个读 men。不同的音素是什么呢？一个是 [m]，一个是 [w]。这样引导孩子就把 [m] 和 [w] 两个声母摘了出来。

再如，"妈"和"摸"两个字，一个读 ma，一个读 mo，不同的音素是 [a] 和 [o]，引导孩子把 [a] 和 [o] 两个韵母摘了出来。

当然，这是对于话语声输入简算比较概括和直观的描述，实际过程要比上述案例复杂得多，而结果则大致如此。

　　这一选取过程历时 6 个月后，孩子的大脑会将中文里所有的声母和韵母逐一摘出来。到此，话语声输入简算就完成了它的前半程。前半程的话语声输入简算存在于所有语言的学习过程中。

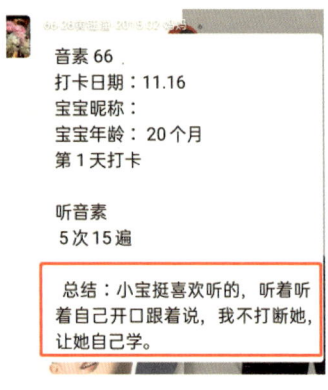

音素 66
打卡日期：11.16
宝宝昵称：
宝宝年龄：20 个月
第 1 天打卡

听音素
5 次 15 遍

总结：小宝挺喜欢听的，听着听着自己开口跟着说，我不打断她，让她自己学。

▲ 家长给孩子听音素后开心地打卡记录下来

　　再回到孩子的英语学习上来看。英语为母语的孩子，同样，在 6 个月大时，第一次出现话语声的倾斜，开始用心学习自己母语语言环境中的语言——英语。经过 6 个月的时间（6 个月大到 12 个月大），孩子能够把英语中的 48 个音素全部摘出来，而且可以全部辨识，将每个音素都清清楚楚地放在大脑语言区独立的地方，这样便完成了"音素解码"。

　　话语声输入简算的时长为 10 个月，前半部分历时 6 个月，完成音素的选取过程。后半部分，历时 4 个月。那么，后面 4 个月要做什么呢？

2. 话语声输入简算后半程：单词解码

经过 6 个月的话语声输入简算，中国家庭的孩子在大脑里已经拥有包括所有声母、韵母在内的这样一个资源库；以英语为母语的孩子，也已拥有包括所有英语音素在内的这样一个资源库。

接下来，宝宝要在音素水平上不断练习听清每一个字词，通过这种练习，宝宝们便能习惯性地在音素水平上听清每一个字词，即得到"音素水平字词力"。这个过程需要 4 个月的时间。

4 个月之后，孩子已经 16 个月大，基本上已经具备接近成人的语言听力水平。

3. 语言学习的四个"紧要期"

所谓语言学习的"紧要期"，是指在孩子成长的某个时段，要尽可能完成相应时段里的语言启蒙要务。比如，2 个月大时看黑白卡，3 个月大时看分类卡，4 个月大时看彩色卡，这些都是孩子在成长过程中要完成的。

在孩子早期的语言启蒙过程中，有 4 个"紧要期"不容错过。

（1）第一个语言"紧要期"：0 ～ 6 个月

也许有人会问：0 ～ 6 个月大的孩子，还没有进入话语声输入简算阶段，怎么会有一个语言的"紧要期"呢？

没错，0 ～ 6 个月大的孩子确实还不具备音素水平字词力，但这并不影响孩子对于语言的认知。实际上，我们通过这一时期，可以更好地培养孩子的语言能力。

我们都知道，2～3个月大的孩子，已经知道通过发声吸引身边人的注意，这也是一种交流。因此，我们完全可以通过每天30分钟和孩子的"对话练习"（具体内容详见附录），使孩子在6个月大之前便具备很好的沟通交流意识，这将是其接下来进行语言学习的重要基础。

另外，让孩子爱上"听"非常重要。我们的系统语言启蒙方法全程遵循语言学规律，孩子学习语言完全可以"以听为上"，不需要看任何电子屏幕。

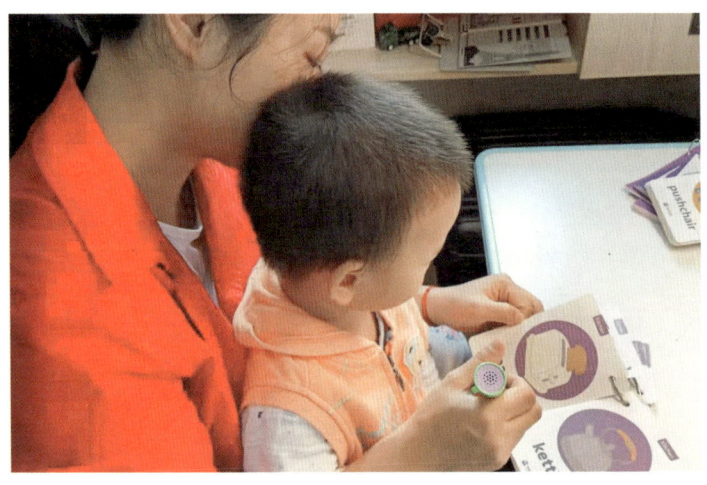

▲ 用点读笔点卡片听声音，孩子就可以不断在大脑中积累词汇

只要让孩子爱上声音，爱上听，英语、中文都可以学得很好，可以学得很快、很扎实。

（2）第二个语言"紧要期"：6～8个月开启的话语声输入简算前半程

孩子的大脑开启话语声输入简算，开始对一门语言产生倾斜。如果6～8个月大时，宝宝还没有经历过第二语言的语言环境，或者尚未开始第二语言的系统启蒙训练，就会越来越难以将第二语言视为话语声，听到的英语会和周围其他声音——开关冰箱的声音、窗外的汽车声、大人走路的声音等划归于一类，大脑也无法将其作为语言，进行话语声输入简算处理。

既然我们知道了话语声输入简算的前6个月，主要是为了辨识音素，那直接给孩子听听英语的音素就可以了。

而话语声输入简算的后半程，也就是12～16个月大，是孩子练习音素水平字词力的关键阶段。所以，要抓紧给孩子听音素，让孩子在话语声输入简算的期间，顺利培养出较好的音素水平字词力。

错过了这个年龄段怎么办？

对比1岁以后开始听音素，和仅2个月大，或者3个月大便开始听音素的孩子，我们发现，无论是单词学习，还是绘本阅读等，越早听音素的孩子在各方面都表现得越优秀。而对于更大龄的孩子，花更多时间听英语音素，英语语言能力提升也会越明显。

（3）第三个语言"紧要期"：孩子 16 个月大

孩子 16 个月大时，单词解码阶段完成了第一部分（第二部分是在听清单词的基础上知道单词的意思），孩子已经可以在音素水平上听清楚每一个单词，具备了接近成人的语言听力水平。此时，中国家庭的孩子也已具备在音素（声母、韵母）水平上听清楚每一个汉字的能力。

16 个月大之后，孩子的语言能力开始飞速发展，能够非常快速地从喜欢汉字到喜欢句子，再到听懂越来越长的句子，以至输出汉字（说出单个字词），及至输出句子（说出整句话）。如果孩子已经开始中文阅读，他将更快速地将中文作为绝对主导性语言。

在这种情况下，留给英语等外语的学习空间就会越来越小。

吉宝201712@xuba
12月15日 21:55 已坚持 6天   待批改

音素打卡模板音素班第5天
音素:3次6遍:早上睡醒后+玩积木听+晚上睡前听

孩子状态: 愿意听了，早上听 2 次音素后，再听中文儿歌故事。晚上听了 2 次，接着播放，听着听着睡着了。

▲ 妈妈充分利用时间给孩子听音素

在我们的教学系统里，我们会抓紧时间让孩子辨识音素，然后马上开始学习单词，尽量赶在 16 个月大之前使其多学习单词。从 16 个月大到 6 岁这个年龄段，孩子越接近 6 岁，学习单词越困难，学习速度越慢。

为什么这样说呢？

因为单词的学习和输入速度息息相关，这部分内容将在第三章"识"的部分具体讲解。

对于小月龄的孩子来说，如果在 16 个月大之前有 3 个月以上的单词输入时间，那他将拥有语言学习的绝对优势。

所以，我一直主张：孩子学习外语，越早越好。

（4）第四个语言"紧要期"：标准发音"紧要期"

孩子 16 个月大时，会很有兴致地听自己发出的声音，然后把自己的声音和大人发出的声音进行比较，在这一过程中，孩子的话语系统会逐渐与周围的语言系统趋于一致。

经过大量的调查和家庭的实践，我们发现，对于靠录音完成英语语言输入的孩子来说，这个特点依然存在，即孩子会把自己的英语发音和听到的英语录音进行比较。

此时，家长对于孩子的音素、联合发音、单词、话语流的引导就要稍微加强。如果这一时期孩子已经开始进行音素输出、单词输出，甚至英语话语流输出，那么其后期的英语发音会尤其标准。

（三）孩子音素练习的方法及注意事项

和孩子一起听音素时，父母可以陪同跟读，引导和鼓励孩子一起跟读。

跟读音素并不简单，孩子对音素的熟悉程度、英语发音能力，以及自信心都是挑战。孩子可能会跟不上，没有关系，父母要让孩子意识到：即使爸爸妈妈的发音不好，也在勇敢跟读。

从音素开始，需要父母理解的是，相比直接教授而言，伴学对孩子的语言发展效果要更好，要好得多。

父母应该是自己孩子的专属专家，但不能是孩子的语言教师，父母不能直接教授孩子。反过来说，孩子的语言能力，也并不能通过家长的直接教授得到提高。

不教授单词语法，不一味固执地通过压迫孩子来教授知识，而是通过大量阅读，提升孩子的语言能力，这对父母来讲，考验的是他们的耐心和初期的时间投入。

当然，如果父母能用标准的英语发音和地道的语法，每天花上4小时以上的时间给孩子读英文书，用英语和孩子聊天，那么孩子的英语启蒙自然也能成功。但是对比当前大多数中国父母的英语水平，根本无法做到这一点。

所以，父母不妨索性安下心来，作为孩子"伴学"的同伴，使用我们的方法陪伴孩子，不断为孩子提供英语学习所需的

"看"和"听"的素材。

一定要引导孩子读出音素，只有读出来，孩子头脑中才能形成更为标准、清晰的音素发音，即英语标准发音的标尺。孩子要一直听音素，以保证这一标尺一直存在。听音素这件事，应该持续到孩子可以流利地阅读英文真书（没有图画的全文字书）为止。

▲　宝宝听音素并跟读，妈妈不打断

声音和意义对应（单词解码）

知道图片上画的猫读 cat，知道喵喵叫、毛茸茸的家伙是 cat，知道追着老鼠跑的是 cat——当孩子在不同维度上知道 cat 对应的含义，便完成了单词的解码。

单词解码可分为两步：

第一步，孩子具备了音素水平字词力，能够在音素水平上听清楚每一个单词；

第二步，知道听清楚的单词的含义。

▲ 单词卡片挂在墙上，孩子用点读笔自由开心地点读

完成这两步，就实现了"声音（话语声）和意义对应"。

当孩子能够把越来越多听得清的单词和单词的含义对应起来，他们便可以听得懂越来越多的单词，由词成句，也就能慢慢听得懂越来越多的句子了。

听力练习的全路径

（一）静默须有度，"听""说"是一家

对于任何语言，"听"和"说"都是一体的。孩子说得

越多，字词就能听得更准确；听得越准确，发音就越标准。孩子练习英语听力时，大脑高速运转效果就会更好。如果只是一味地听，大脑有时会开小差，甚至会"不转"。开口说，就能保证大脑转起来。

孩子开口说时，比如，跟读音素，大脑会分析，听到的音素是否准确？进而才会更仔细地听音素。先听后读，通过"说"进一步"精听"。

关于"静默期"，很多人认为孩子须有足够的输入，心理和生理都准备好了才会开口说话。从某个角度看，这种说法并无不可，但是不够全面，还须进一步加以说明："静默期"应该是分段式的。

比如，孩子听了音素，应马上着手引导孩子开口读音素，听音素是辨识音素的初级阶段；听了联合发音，则应着手引导孩子大声朗读联合发音；听了单词，则须引导孩子大声读单词。

孩子先听音素，然后读音素，进而精听，就能更好地听清楚音素；

听联合发音，然后读联合发音，进而精听，就能更好地建立拼读意识，同时为下一步听清单词做好准备；

听单词，然后读单词，进而精听，就能更好地听清楚单词，为接下来标准地开口说英语做准备。

"静默期"是为了避免父母或者英语老师，在孩子尚未得到充分的英语输入，还没做好准备的情况下，强硬地促使孩子说英语。不过，"静默期"应当有度。

父母一旦明确了英语中的"听"和"说"是一回事，就要将该理念坚定不移地贯彻下去，并在每一个阶段"听"的练习之后，引导孩子大声读出练习的内容。

孩子的英语学习，也可依此总结出一条准则：静默须有度，"听""说"是一家。

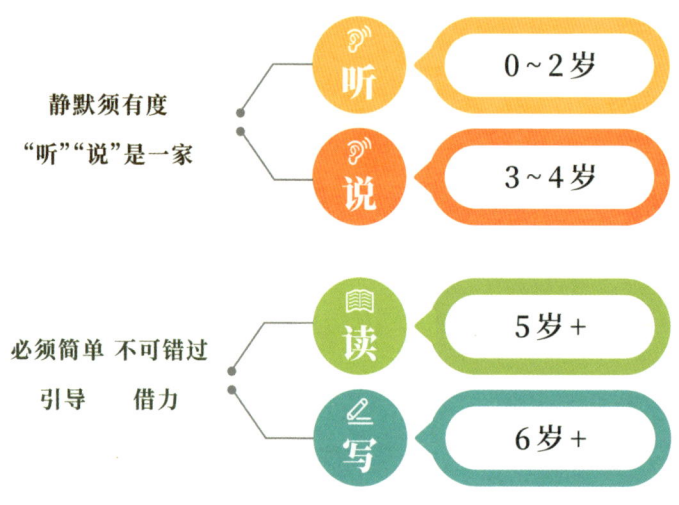

▲ 静默须有度，"听""说"是一家

（二）听力练习的 6 大步骤

英语的听力练习，大体可以分为 6 大步骤：

① 音素；

② 联合发音；

③ 单音节同韵词；

④ 多音节单词；

⑤ 短语短句；

⑥ 长句。

这 6 大步，每个步骤都需要听和跟读相结合，孩子听完了音素，要引导孩子跟读音素，听完了联合发音，要引导孩子跟读联合发音，依此类推。

▲ 英语听力练习的 6 大步骤

（三）听力练习的 4 个阶段

语言学习的各个阶段，并不是边界清晰地衔接的，而是交错衔接的。

听力练习可以分为 4 个阶段，分别如下。

1. 英语听力练习第一阶段：建立英语标准发音的标尺

在第一阶段，需要孩子跟读出全部英语音素。对于小龄的孩子，父母需要保持耐心，坚定等待，这算是第一个阶段的"静默期"吧。如果孩子还没有完整跟读出 48 个音素，就进入了下一步，这便是"交错衔接"。在听力练习第一阶段，孩子还需要在听音素的同时，听其他的英语听力练习素材。

英语听力练习第一阶段的主要目标，如右页图所示。

▲ 小朋友在跟读音素

按顺序听，以听为主

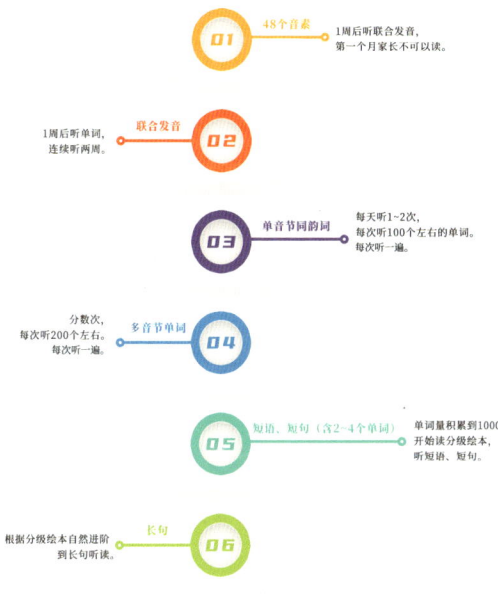

01 48个音素　1周后听联合发音，第一个月家长不可以读。

02 联合发音　1周后听单词，连续听两周。

03 单音节同韵词　每天听1-2次，每次听100个左右的单词。每次听一遍。

04 多音节单词　分数次，每次听200个左右。每次听一遍。

05 短语、短句（含2-4个单词）　单词量积累到1000，开始读分级绘本，听短语、短句。

06 长句　根据分级绘本自然进阶到长句听读。

▲ 英语听力练习第一阶段主要目标

2. 英语听力练习第二阶段：单词绘本点读跟读

如何在听得清英语的基础上听得懂英语，首先，可以引导孩子大量地点读单词绘本。

什么是单词绘本呢？

单词绘本，就是给每一个单词配上一张对应的能理解单词意义的图片，比如，给 apple 配上一张苹果的图片。单词绘本的每个页面上，都会有几张到几十张这种小图片，以及图片对应的单词。

如果想给孩子选择可点读的单词绘本，在此向您推荐由昀爸编写的《昀爸英语启蒙：幼儿认知 1000 词》(上下册) 点读版。

孩子用点读笔点每一张小图片的同时，会听到小图片对应的英语单词的读音，这就是用点读的方式阅读单词绘本。这样练习多次后，孩子便可理解并记忆诸如 apple（苹果）、window（窗子）、run（跑）、jump（跳）等单词的含义。

▲ 昀爸专门给小朋友们编著的单词绘本

在英语听力练习的第二阶段，跟读有三个作用：

① 孩子通过跟读单词，自我纠正英语发音；

② 有助于孩子理解单词的意义；

③ 点读分级绘本并跟读短语、短句、长句，有助于孩子理解英语语句，进而听得懂越来越多的英语语句。

在第一、第二阶段，父母需要做的内容小结如下：

① 适时引导孩子跟读音素、听单词，然后跟读单词；

② 在孩子读单词绘本之后，引导孩子在点读的过程中跟读单词；

③ 在孩子读进阶绘本之后，引导孩子在点读的过程中跟读短语、短句、长句。

跟读越早越好，但一定要巧妙引导。通过多观察了解孩子的语言能力，做出判断，引导尝试，切忌强迫要求。

▲ 家里的老人用昀爸的方法也可以成为优秀的陪读者

这一阶段，使用点读笔点读与父母给孩子口读，二者的区别是很明显的。我们的系统方法，是专为英语不好或者完全不会英语的父母设计的，老人也可以使用这套方法。在过去的 4 年里，有很多家庭中老人使用这套方法也取得了很好的效果。

由此，对于那些不会英语的父母和老人使用这套方法，使用文字转语音设备就成为必须。我们现在推荐使用的是技术已经相对成熟的设备：昫爸小书瞳和点读笔。

如果父母英语很好，也可以自己给孩子读（口读）。相应地，需要考虑以下两点：

第一，父母的英语发音是否足够标准；

第二，父母需要投入大量的时间和精力。

根据大量家庭案例积累的经验，选择点读笔会更便利，可以更好地保证持续的好的效果。同时，也更容易引导孩子由使用点读笔、小书瞳，到识字并独立阅读文字书。

3. 英语听力练习第三阶段：听绘本跟读

这一阶段，点读跟读和听读二者之间的区别，包括以下两个方面。

（1）形式不同

点读跟读，是指孩子在点读绘本时，一边看绘本，一边跟着点读笔读出的语言，跟读单词、短语、短句、长句；听读，是指听绘本音频的同时进行跟读，孩子完全不看画面内容，只靠听进行跟读。

（2）意义不同

相对于听读而言，点读跟读要简单很多。点读跟读的目的，是要让孩子理解更多句子，进而听懂更多英语。但是，要想真正实现听得准、读得准、能理解、会应用，还需要孩子放下绘本图片这一带有提示作用的"拐棍"。

从语言学的角度看，绘本有影响孩子深度思考的"副作用"，仅仅读绘本，孩子是学不好语言的，这就好比孩子会骑带有辅助轮的自行车，并不能说明孩子真正会骑自行车。

点读加上跟读，能让孩子大量积累英语语句，同时还能建立孩子的自信心，为下一步听读和跟读做准备。

父母可以选择孩子读过很多次的，既熟悉又喜欢的英文绘本，找到对应的音频，引导和鼓励孩子一边听一边跟读，以此逐步摆脱绘本图片这根"拐棍"。

英语听力练习第三阶段的主要目标，如下图所示。

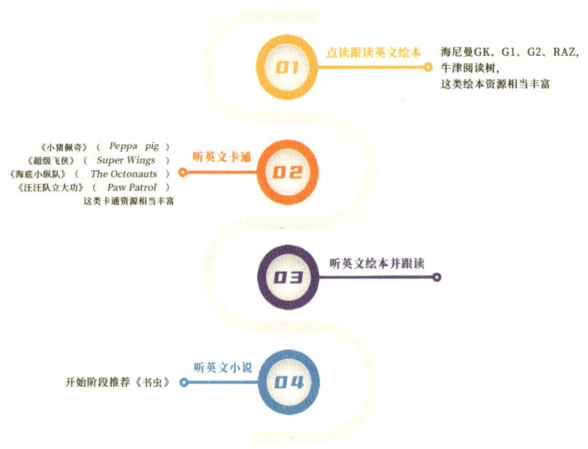

▲ 英语听力练习第三阶段主要目标

4．英语听力练习第四阶段：听小说跟读

语言对于孩子的发展而言，到底能够起到怎样的作用？我的理解如下：

第一，语言是其他所有学科的基础，如果不能理解语言，如何能听懂看懂学科知识；

第二，语言可以带你走进人文历史的殿堂，阅读大量有趣的世界文字。而阅读的过程，孩子的阅读能力不断提升，阅读变得更简单，自然也会提升孩子学习其他学科的能力。

如果孩子 5 岁之前就开始听小说，能听懂小说，那未来的发展很可能是在入学前，或者入学不久，就会在某个学科方向上显露出特长。

　　孩子的英语听力练习进入第四阶段，表明其英语能力已经达到很高水平。如果孩子在 1 岁前开始使用我们的方法，一般在 4 岁多的时候，就可以达到英语听力练习的第四阶段，做到跟读英语小说。

　　当然，这里提到的小说，一般来讲，指的都是小小说，像《书虫》系列入门的那十几本小说，都可以算在内。

　　英语听力练习的第四阶段，主要目标如下图所示。

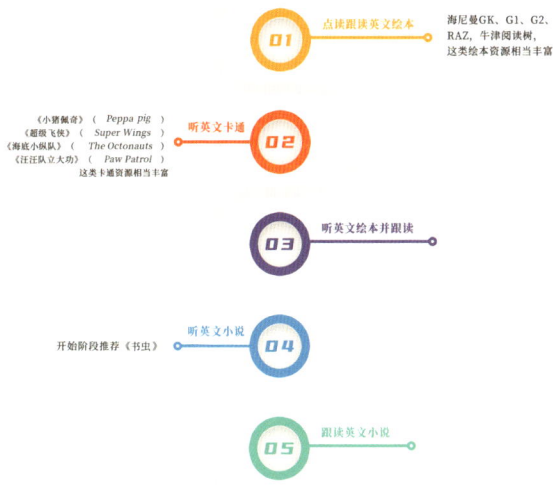

▲ 英语听力练习第四阶段主要目标

孩子的语言发展，当然不能仅靠听就可以达成。

本书为了更为清晰地表述，也方便读者更容易上手使用这套方法，我们把方法按照听、看、识、理、坐、读、用 7 个不同的维度进行了划分。在家庭语言启蒙的实践中，这 7 个维度是穿插进行的，有些内容是交互的，并没有严格的先后顺序。

看：大脑获取的信息 80% 来自看

眼睛在耳朵前面，所以也可以说成"看在先"，我有一首关于 7 个维度学习技巧的顺口溜，前面两句就是"听为上，看在先"。

上一章，我们集中讲了听的维度。之所以说"听为上"是想表述，听是上乘的、上好的语言学习的方式，靠听来完成语言输入量的最初的积累，比起用视频、AI，不仅更有效、更高效，也可以很好地保护孩子的眼睛。

当然，听一定还是需要结合"看"的。研究表明，大脑获取的信息，80% 都来自看。

如何更好地帮助孩子通过"看"得到更好的发展，就是本章要讲述的内容。

关于看的几个关键词

闪卡、闪看、黑白卡、分类卡、彩色卡、联合发音卡、英语声旁卡、单词卡，这些关键词都和卡片相关，但在语言启蒙过程中，需要通过"看"学习的不仅有卡片，还包括绘本、桥梁书、真书、实物等。

研究表明：人类大脑中有超过 100 亿个脑神经元，神经元之间通过突触进行联结，这种联结越密集，大脑就越聪明。我们给孩子的五感越多刺激，相应地突触的发生就会越多越密集。

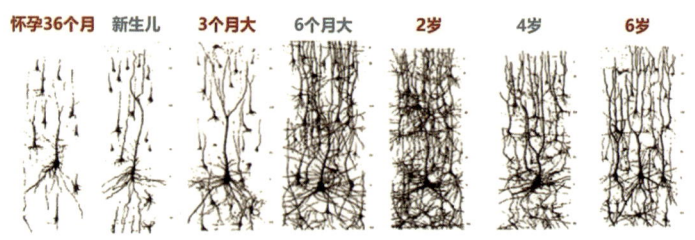

怀孕36个月　新生儿　3个月大　6个月大　2岁　4岁　6岁

▲ 神经元突触的联结越密集，大脑越聪明

五感，指的是视觉、听觉、味觉、触觉和感觉。

五感中，视觉首当其冲，所以我们说——看在先。

在合理的范围内，在不影响孩子的睡眠，正常发展的前提下，给孩子看的素材越丰富，孩子的五感得到更多的刺激，相应的联结越密集，大脑就越聪明。

对于语言启蒙，看卡片依然是核心。

要遵循"闪看"的原则

卡片的使用，要遵循"闪看"的原则。

什么是闪看？

就是卡片在孩子的视野里停留 0.6 ～ 0.8 秒，让图像在视野里非常快速地出现、消失，再出现、再消失……闪看的频率，在实践中家长可以根据自己的实践进行调整，可以一分钟给孩子闪看 60 张卡片，也可以一分钟给孩子闪看 15 张卡片。

孩子两个月大时，就可以给他看黑白卡了。

黑白卡是根据小龄孩子视觉能力发展的规律，精心选取的黑白相间、对比强烈、轮廓鲜明、图形相对简单的图片，图案主要分为经典黑白图形、线条韵律、黑白轮廓，以及生活中常见的物品、动物、植物、人物等。

▲ 黑白卡

孩子 3 个月就可以给他看分类卡了。

孩子在很小的时候，就具备了一种能力，他们能够非常清楚地区分两类事物，比如，狗和猫，他们甚至可以把马和斑马很好地区别开来。你会发现，如果你拿了一张特别像狗的猫的卡片给孩子看，孩子能清楚地告诉你这是猫，不是狗。

父母可以通过孩子的这种能力刺激他的大脑发展。方法就是在孩子 3 个月时给他看如下图所示的分类卡。

▲ 分类卡

孩子 4 个月时，能区分红、黄、蓝、绿 4 种基础颜色，此时我们就可以给孩子看彩色卡了。

关于给孩子看黑白卡和彩色卡的具体时间，业内说法不一，有的认为，孩子 0～6 个月大时，就可以给他看黑白卡，6～12 个月大时，就可以给他看彩色卡。

在陪伴孩子的过程中，家长观察得越细致，发现的惊喜就会越多。

看卡的过程中，父母可以一边闪看，一边给孩子用手指指一下，这对宝宝的"分享式注意力"的发展有很大帮助，后文会详细介绍。

▲ 彩色卡

在本章结束前，我们用一张图来做个总结。图中的某些内容和要点，您或许尚不清楚，没有关系，随着对我们的教

育理念的逐步深入了解，相信您会对整个逻辑有更清晰的认
知。

昀爸®系统语言学理解阐述

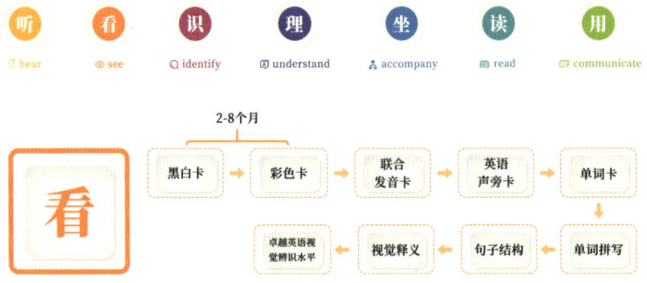

▲ 昀爸方法"看"的步骤

识："看""听"结合

对于小龄或者学前的孩子，"识"是快速积累单词量的一种有效方法。

可以"看""听"结合的 3 种卡

可以"看""听"结合的 3 种卡，指的是联合发音卡、英语声旁卡和单词卡。

1. 联合发音卡

联合发音卡，对高效学习自然拼读很重要。

自然拼读，指的是见词能读。在孩子能听懂并且会说英语之后，自然拼读就会变得很简单。但也不是我们想象中那么简单，比如，很多妈妈认为，孩子学会了 26 个英文字母的读音、拼写，然后就可以用它们去组单词，就像我们汉语拼音那样。其实不然。

自然拼读的基础是听得懂英语，否则自然拼读就没有意义。孩子自然拼读出一句话，读出来的语言——由自己的耳朵传到大脑，进行辨识和理解。如果"听不懂"英语，就读不懂英语。所以，读书不是看懂，而是听懂。

因此，我们小的时候读书，都是从大声朗读到默读。无论你读书的时候是否发出声音，大脑都会把你看到的文字转换成对应的声音，通过声音理解看到的内容。之所以这样，是因为我们大脑的工作语言是"声音语言"。

如果孩子能听懂英语，学习自然拼读，那么第一步绝不是学习 26 个英文字母，而是学习如何拼读出听到的两个音素的联合发音，比如，我们听到 [æ] 和 [b]，然后就可以读出 [æb]。

我们的联合发音卡，是前期帮助孩子练习自然拼读的卡片，每一张联合发音卡上都有两个英文字母，这两个英文字母会对应一组联合发音。如果孩子听到每一组音素的发音，并可以把两个音素连起来拼读，那么孩子离自然拼读就近了一步；如果孩子看着联合发音卡上的英文字母，可以直接读出联合发音，那么孩子离自然拼读更近了一步。

本书同样赠送联合发音的音频文件，附录部分也会提供联合发音的文字内容，方便大家了解和学习。

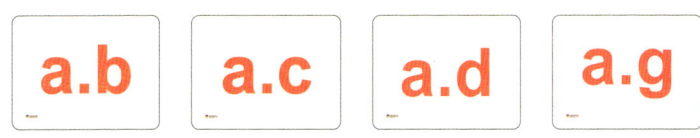

▲　联合发音卡

2. 英语声旁卡

"英语声旁"是从 200 万个英语单词中选出来的，对发音起最主要作用的字母和字母组合。孩子记住这些英语的声旁，学会自然拼读也就易如反掌。

每一个英语的声旁，在不同的单词中都有不同的发音，孩子看英语声旁的拼写，听对应的发音，自然识记这些英语的声旁和其对应的所有发音，然后通过一些例词，就可以在大脑中对自然拼读形成最初的理解。

比如，cat 这个单词，它由 3 个字母组成，每个字母对应一个音素，分别是 [k]、[æ]、[t]。同时，字母 c 除了 [k] 的发音，还有 [s] 的发音；字母 a 除了 [æ] 的发音，还有另外 4 种发音；字母 t 只有一种发音。这样算下来，cat 这个词的发音就有好几种。

在启蒙过程中，孩子会通过图形符号记住一些单词。比如 cat，孩子看到这个单词，就已经知道了它的发音。

根据自然拼读法的规则，如果孩子把 cat 读成了 sat，把字母 c 读成了 [s]，而没有读成 [k]，那么孩子通过听自己的读音，就会发现问题，然后自行纠正。这个过程是在潜移默化中完成的。

本书同样赠送英语声旁的音频文件，附录部分也会提供英语声旁的文字内容，方便大家了解和学习。

▲　英语声旁卡

孩子往往在 6 岁以后，学习自然拼读法规则之前，就能熟练拼读很多单词。之所以这样，是因为他们在不断练习和试错的过程中，依据大数据完成了量的积累，自己总结出了一些拼读规律。

所以，在孩子 0 ～ 6 岁这个阶段，可以使用我们的卡片和方法，系统地练习自然拼读。

斯蒂芬·克拉申（Stephen D.Krashen），是著名的语言教育家，毕生致力于第二语言习得的研究，这为他赢得了世界性声誉。克拉申在《阅读的力量》一书中阐述了如下观点：

专门练习单词拼写的孩子，可能在短时间内比那些专注阅读，不练习单词拼写的孩子，在单词拼写方面有更好的成绩，但随着时间的推移，很快，专注阅读的孩子就会赶超，表现出更好的、更为持久的优秀单词拼写能力。

语言能力是不能通过直接教学得到有效提升的。

这部分自然拼读的讲解，我们结合克拉申和乔姆斯基的一些研究，以及大量父母读者的真实家庭实践，给出这样的方案，用我们的卡片和方法，当孩子可以拼读一些单词的时候，就抓紧进行阅读，由简到难，

▲ 斯蒂芬·克拉申的经典著作

循序渐进，拼读的时间和拼读的文字量是关键。孩子在拼读、阅读中，就会自然找到更多的规律，触类旁通有效高效。

中文阅读，也是同样的道理。在阅读中，孩子才会更容易识记更多的汉字。

3. 单词卡

单词卡，就是带有图片和英文单词的卡片，可以给孩子闪看，也可以不闪看，用"看""听"结合的方式，给孩子的大脑输入单词。

▲ 单词卡

分享式注意力的培养

1. 作为教练坐在副驾的位置上，但尽量不要踩刹车

孩子阅读世界的能力怎样？他们看到了什么？读懂了什么？需要什么支持？

以上这些，都需要父母从旁观察，有所引导，发现问题，给予方向。孩子很小时，我们并不能和他们通过语言进行沟通，所以，观察发现就显得尤为重要。父母需要读懂孩子，需要和孩子直接建立起共同的注意力——分享式注意力。

分享式注意力（Joint Attention），Joint 有"连接"之意。分享式注意力的重点，在于两个人或者更多人之间注意力的连接。好的分享式注意力，也是构建更佳亲密亲子关系的基础。

在语言启蒙过程中，促进孩子的脑发展，让孩子看到更多、听到更多，通过看卡片、学习家中所有物品的英文单词、阅读绘本、学习英语的声旁、学习自然拼读等，这些都需要孩子具备优秀的分享式注意力。

以绘本阅读为例，如果孩子具备很好的分享式注意力，那么他在绘本阅读时，就可以通过分享式注意力，让父母感受到自己的情绪变化，比如，开心、焦虑。即便出现什么困难，父母也可以及时介入，帮助孩子克服困难，继续前行。

建立优秀的分享式注意力，既是亲子关系建立的开始，也是父母作为教练坐在副驾驶座位的开始。

孩子 1 个月大时，如果有人朝他们吐舌头或者张嘴，他们就会模仿，这种能力会在两周或者 3 周以后自行消失，这应该就是分享式注意力的开始。

我们可以从 4 方面培养孩子的分享式注意力。

2．培养分享式注意力的 4 方面

（1）眼神注视（Eye Contact）

指的是在目所能及的范围里，两个人因某种方式，相互注意到对方的眼睛及面部表情。

从给孩子哺乳开始，妈妈们就会发现，其实捕捉孩子的目光是很难的，因为孩子的注意力维持的时间非常短。孩子从只有短暂的注意力到可以长时间专注，至少要等到孩子 1 岁以后。

在孩子 1 岁前，父母可以有意识地吸引并捕捉孩子的眼神，同时花一些心思观察孩子的注意力不断提高的过程。

（2）模仿（Imitation）

指的是以"互相注意到对方"为前提，短时间内由两个人或者几个人发出同样的声音，做出同样的表情、动作。

孩子月龄很小，无法主动注意到对方，但是成人可以主动捕捉孩子的注意力，这样就能"互相注意到对方"。例如，父母朝新生儿吐舌头，新生儿就会模仿。等孩子大一些能够主动注意他人时，如果看到有人随着音乐跳舞，孩子就会根据观察到的跳舞者的动作变化来模仿动作。

父母可以对月龄小的孩子多做一些表情游戏、发音模仿游戏，不只让孩子模仿父母，父母也可以主动模仿孩子，这样相互模仿，就会形成很好玩的游戏氛围。

　　随着孩子的成长，家庭中要多做一些模仿式的游戏，父母做一些动作，让孩子模仿，或者孩子做一些动作，父母模仿。这些看似简单的游戏，对孩子的成长发育非常重要。

▲　小朋友在模仿愤怒的脸和抱歉的脸

　　(3) 情感交流（Emotional Interaction）

　　孩子出生以后，就可以感受到身边成年人的情绪变化，他们能知道妈妈现在是不是开心。

　　孩子之所以有这种感受，其中一个原因就是从出生起，孩子对成年人说话时音调的高低有很高的敏锐度。除了音调，他们还对成年人面部表情和肢体动作等非常敏感。

妈妈和孩子做游戏，先用很夸张的笑容逗笑孩子，然后突然变成愁容，又立刻变回笑脸。孩子对这样的表情变化一般都会迅速做出反应，看到妈妈的笑颜孩子会很开心，看到妈妈的愁容孩子就会焦虑，再看到妈妈的笑颜，孩子又会马上放松下来。

我一直强调，要轻松快乐地陪伴孩子成长。

在英语启蒙阶段，父母不可以和孩子发脾气。当然，也有例外。

早期我和学习群中的父母开过一句玩笑，我对她们说："早晚有一天，你们都会有机会说这样的话：'宝宝，你要是再说要读书不睡觉，妈妈就打你了！'"

后来的实际情况是，几乎所有孩子在开始阅读绘本的时候，我的读者父母都有了这样的经历：凌晨2点孩子想尿尿，然后喊着读一会儿书再睡觉。任凭父母的脾气再好，不发作都难。但第二天醒来，他们又忍不住赶紧记录下这美妙的经历，虽然自己发了脾气，但是仍然认为孩子的"淘气"是一件值得骄傲的事。

能达到这样的效果，靠的是父母每一天轻松快乐的陪伴。

（4）社交参考（Social Referencing）

当孩子陷于某一种情境不知所措时，他们就需要社交参考。孩子通过社交参考，从他人身上获得信息，从而帮助自己行动起来。所以我们说，社交参考其实是一种沟通的过程。

1）为获得同意

孩子想玩一件玩具，就会主动看向父母，通过肢体动作、发声或者言语表达自己想要这个玩具的意图，寻求父母的同意。看父母微笑、点头或言语回应表示同意后，孩子便去拿玩具玩。

2）判断危险

当遇到新奇事物时，孩子会主动观察父母的表情，以判断该事物是危险还是安全；当有陌生人靠近时，孩子会主动观察父母的表情，以判断来人是危险还是安全。

3）得到理解或原谅

孩子正在玩时，身边的一样物品掉在了地上，孩子会主动看向父母以获取父母的回应，等待父母说："没关系，我们看到它自己掉下来了。"孩子正在玩时，不小心碰坏了家里的一件物品，孩子会主动看向父母以获取父母的回应，等待父母说："没关系，我们知道你不是故意的，一会儿让爸爸修一下就好了。"

4）获得安全感

孩子进入一个陌生的环境，比如，和父母去亲戚朋友家串门，或者首次入园，孩子以听觉和视觉寻找父母肢体动作与言语回应的频率会大幅度提升。他们要通过获得父母的言语回应和肢体动作，来找到安全感。

孩子早期的社交参考完全依赖于父母及家人，所以一定要多留意孩子每一次投来的目光及背后的意义。他们需要你时，你一定要在那里。

父母和孩子之间通过社交参考建立起来的支持和信任关系，对孩子的英语启蒙至关重要。

特别是，当孩子开始阅读绘本以后，在阅读的过程中，如果父母一直给予很好的亲子陪伴，和孩子建立良好的支持和信任关系，那么当孩子遇到阅读难度稍大的绘本时，他们就会通过分享式注意力，从父母的支持、鼓励和爱中得到巨大的安全感，然后勇敢地继续阅读下去。父母的陪伴是孩子分级绘本阅读升级的有力支持。

▲ 妈妈采用怀抱坐立式陪孩子阅读绘本

3. 有针对性地培养孩子的分享式注意力

随着孩子的成长，各方面能力的提高，孩子的很多感受会由被动回应转向主动发起。

孩子的分享式注意力，可以分为以下八个阶段。

① 眼神接触；

② 眼神交替变换；

③ 展示；

④ 分享；

⑤ 近距离指物响应；

⑥ 远距离指物响应；

⑦ 近距离手指指物；

⑧ 远距离手指指物。

家长可以在不同阶段依次观察、判断，孩子的分享式注意力是否随着他的成长而得到了提升。

第一阶段，眼神接触。

在和孩子互动的过程中，我们发现，孩子会主动通过眼神和父母确认一些事情。比如，父母怀抱孩子正在阅读绘本时，父母被某些事情打断，阅读停了下来，孩子这时马上寻找父母的眼神，通过眼神接触，确认是否继续阅读。

第二阶段，眼神交替变换。

这是更高级一点的分享式注意力，即孩子的眼神停留在父母和手边的物品上，比如，玩具。孩子的眼神在物品和父母身上分别停留很短的时间，1～2秒。拥有这一水平的分享式注意力后，孩子将开启更高水平的"展示"，即将手边的物品展示给父母看。

第三阶段，展示。

孩子一旦明确了"展示"的意思，就会主动吸引父母的注意力。即便只是被动地发现父母的注意，他们也会将手中的物品朝向父母，让父母关注自己手中的物品，同时分享自己注意这一物品的事情。

▲ 孩子开心地向妈妈展示自己所看到的

孩子通过"展示"，成功地和父母分享了他的注意力，但是他并不会把玩具交给父母，仅仅只是向父母展示而已。

如果孩子更大一些，他们会通过言语完成展示，比如会说："妈妈，来看啊！"然后等待妈妈的言语或者肢体回应。

第四阶段，分享。

孩子明确地知道分享是一种给予，同时希望被分享对象参与自己当前的行动，而并不需要被分享对象向自己提供任何协助。

比如，孩子正在玩"过家家"的游戏，这时妈妈正好走过来，孩子通过分享注意力让妈妈注意到他马上要递给妈妈一个小玩具，例如，咖啡杯。这是一个分享的动作，并不需要妈妈协助他做什么，他只是希望妈妈参与进来，比如，坐下来拿着咖啡杯假装喝咖啡，和他一起玩"过家家"。

第五阶段，近距离指物响应。

在父母和孩子的视野范围内，手指可以触碰到的物品不一定非要用手指接触，父母可以用手指去指，然后等待孩子响应，比如，等待孩子眼睛看过去或用手指去指。当然，也可以是发声、言语等其他肢体动作。

第六阶段，远距离指物响应。

在父母和孩子的视野范围内，手指无法触碰到的较远距离的物品，父母可以用手指去指，然后等待孩子响应。方法同第五阶段。

第七阶段，近距离手指指物。

孩子指向自己视野内手指可以触碰到的物品，但是不一定触碰，只是通过手指指向该物品，以此引起父母或者其他人的注意，分享自己的注意力（那个物品）。

第八阶段，远距离手指指物。

有了近距离手指指物的能力，接下来孩子将具备远距离手指指物的能力。孩子会指向视野范围内手指无法触碰到的较远处的物品，通过指向该物品，引起父母或者其他人的注意，分享自己的注意力（那个物品）。

在成长过程中，孩子的分享式注意力会在不同阶段表现出不同的水平。家长虽然可以参考上文的发展顺序逐步培养，但是仍须通过不断地观察，耐心细致地陪伴和培养，遵循孩

▲ 家长拿着南瓜灯开心地和孩子互动

子的实际情况，加以判断和提升。

当然，全部留心并积极培养，工作量似乎偏大，也属于细致育养。精力有限的父母，可以聚焦一处发力，这一处就是"指物练习"。

如何进行指物练习

指物练习，就是把培养分享式注意力浓缩到一个点上——无论给孩子介绍什么，和孩子做何种互动，父母都要用手指指物，同时尽快引导孩子用手指去指。

在我们读者反馈的案例里，有的家庭中，孩子 3 个月，就伸出了小手指和父母互动；晚的 13 个月，孩子也终于伸出了小手指指物。

对于小龄的孩子，在听完 1 个月音素，1～2 周联合发音，"看"过黑白卡、分类卡、彩色卡之后，便进入"识"的阶段，可以进行指物练习了。

如何进行指物练习？

父母在家带孩子时，有意识地给孩子做一些引导：一边给孩子指家里的物品，培养孩子的分享式注意力；一边引导孩子随着父母的手指，看向父母所指的物品。这样，孩子的分享式注意力会在练习中不断加强，孩子的反应也会越来越快、越来越准确。

在给孩子做语言启蒙时，如果父母看到孩子已经看向大人手指所指的物品，应该马上说出该物品对应的中文或者英文名称，这样便完成了"看""听"结合的"识"的过程。这种练习，我们称为指物练习。

▲ 昫爸会员带着小朋友在超市里做指物练习

高效学单词

1. 对单词学习的误解

加深"看""听"结合的"识"的练习，是孩子单词量增长的关键。

克拉申通过大量学校实验，得出结论：直接教学对于孩子词汇量的提升作用不大。

而在一些外语培训机构里，我的读者曾经告诉我，不少外教为了能让家长看到教学成果，让孩子将一个单词反反复复大声朗读 17 遍。以这种方式学到的单词，可能过不了两天，孩子已经忘得一干二净。

我也曾见识过，孩子学单词时，父母固执地用中文给孩子讲解每一个单词的含义。我们不妨想想，孩子学习中文汉字时，需要用其他语言翻译、讲解吗？肯定不需要。

同样的道理，学习英语自然也无须用中文翻译、讲解。如果有些家长对此仍不认同，坚持认为要用中文翻译的方式教孩子学习英语，不妨回头看看，在过去 20 年里，国人的英语学习情况。如果翻译这种方法有效，我们早就无须为英语这门语言发愁了。

以上论述的目的，其实是想告诉您：

如果孩子自出生便采用我们的学习方法，那么孩子 3 岁前的英语单词量可以轻松达到 2000 个；孩子 4 岁前采用这种方法，只需 2 年时间，孩子的单词量也能轻松超过 2000 个。

我们的方法并不仅仅意味着单词量的积累，关键点在于孩子是以玩的状态和心境，通过阅读的方式自然积累超过 2000 个单词。这种学习方式——其实就是自由自主阅读结合中国家庭育儿实践的调整和翻译，对于孩子的大脑认知水平和心理，都不会产生任何负面影响，而只有正向、积极的效用。

孩子在 6 岁前积累 5000 ＋的英语单词量，热爱阅读，英语语言就掌握了。

▲ 寂静的夜晚，姐弟俩各自安静读书

2. 学单词，要保证源头有足够多的"活水"

这是对自由自主阅读可以有效提升孩子词汇量的细致解读。

　　同一时间里，要么选择自由自主阅读，要么选择直接教学。但死教一个单词的方式，通过十几年的直接教学历程，我们已经看到结果了，并不理想。

　　孩子单词记得快，忘得也快，这很正常。怎么办呢？

　　我的解决办法是加大单词输入量。对此，很多家长可能不太理解。

　　简单地打个比方，我们把孩子大脑储存单词的方式想象成小溪流，小溪流不应是死水，而应是活水，流动的水。比如，astronaut 这个单词，如果非要让孩子把它学透，既能读能写，还要知道它的中文翻译，那将大大降低孩子的单词输入速率，相当于把小溪水的源头慢慢截断。

　　源头被截——没有给孩子做大量的单词输入，意味着从上游流下来的水越来越少，不用多久，小溪流便会干涸。如此一来，孩子曾经学过的单词也会慢慢忘记。

　　如果采用这种"死教"的方式，家长最终会发现，费了半天力气，孩子根本没有学会几个单词。所以，我们强调源头的"活水"非常重要。

　　此处所说的"活水"，可以理解为是给孩子输入的单词量。

昀爸®系统语言学理解阐述

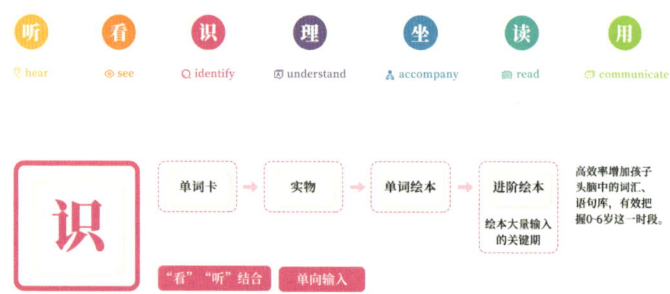

▲ 昀爸方法"识"的步骤

理：你的孩子到底理解了多少

"理"可以解读为两个层次：

第一个层次是孩子对于语言的理解。

当孩子听到单词 clock，第一次伸出小手指指向家里钟表时，便开启了"理"的维度。

第二个层次是父母对于孩子启蒙的理解。

当家长看到孩子伸出小手指时，便能逐渐理解孩子语言学习的面貌，尤其是英语不好的家长，可以直观地看到孩子学习情况的反馈，从而做到有的放矢。

不要把"理"变成一场测验考试

对孩子的理解，要从陪伴开始。

有的人会说，我自己生的孩子我最了解。其实，未必。

自己生的孩子，如果不陪伴他，了解从何而来？

有研究发现，"不爱陪伴"孩子，会直接伤害孩子大脑。

"爱陪伴"和"不爱陪伴"的家庭，6个月的时间，孩子大脑的结构和功能差异就很明显了。因为家庭疏于陪伴，孩子大脑的结构和功能会发生不可逆的变化，进而对孩子未来发展造成负面影响。

其实，陪伴的过程中，父母和孩子的大脑都发生着变化。

孩子出生后，母子每日的相伴中，催产素会在母子体内同步升高。父亲陪伴孩子的时间越长，体内的催产素也会增高。催产素对于增进亲子间的亲密关系至关重要。

催产素的激增，会激活我们大脑里一个很原始的结构——杏仁核。

对幼小的婴儿方方面面的关注和用心，要求新生儿父母时刻保持警惕，这就需要杏仁核的辅助，这应该是自然界赋予人类的本能。

杏仁核一旦被激活，其功能水平就会伴随一生。

《像TED一样演讲》（*TALK LIKE TED*）中记载：神经学家尤里·哈森（Uri Hasson）和他的同事们采用功能性磁共振成像技术fMRI发现，故事会使讲故事者和听故事者的大脑同步。哈森称为"脑耦合"。

陪伴中，父母需不断增加对孩子的理解，不断增加对育儿的理解。通过给孩子阅读讲故事，能够增加对孩子语言发展的理解。当然，家长还可以做得更加细致。

在这里需要提醒家长的是，千万不要把"理"变成一场测验考试。

在语言启蒙的道路上，家长任何一次急于求成，都会导致孩子产生考试般的反感，进而在一段时间内，对孩子的语言启蒙产生非常强烈的负面影响。这种情况在一些欧美国家的教学案例中显得尤为明显，而这种负面影响，有的甚至持续好几年，致使孩子的语言水平远远落后于同龄的孩子。

"理"的家庭教学动作

当我们抱着孩子或牵着孩子的小手时，可以给孩子做指物练习，让孩子通过"看""听"结合完成"识"的过程。这种输入坚持一段时间后，父母可以尝试以引导式提问的方式实施"理"的教学动作。

比如，我们指向门，同时给孩子读出或者用点读笔点读出对应的单词 door，这种教学动作持续几天或几周之后，某一天我们可以尝试先读出或者点读出单词 door，然后期待孩子看向门。其间，我们可以巧妙地进行引导，例如，问："Door, where is it？"（门，在哪儿？）以此完成"理"的一个简单的教学动作。

▲ 在家里可以抱着孩子做指物练习

如果家长能够准确而持续地执行这一方法，那么孩子很快就能在听到单词后马上寻找对应的物品。尤其对于月龄小的孩子来说，用手指指出单词对应的物品，是认知水平达到高水准的一个教科书式的标准。

梳理一下，我们可以发现，"理"这一维度的学习，其实就是对孩子输出的引导，对孩子有效输入的考察。不过，我们千万不可表现出考察的样子，切忌让孩子感觉到父母在考察他们。

如果一切进展顺利，那么我们读出或点读出的单词，孩子会逐一找到对应的物品或图片。这样我们就能清楚地知道，哪些单词孩子已经学会，哪些单词孩子还没学会，对接下来的单词学习，我们就能做到有的放矢。

▲ 在户外听到卡片里发出 bird 的声音，小朋友会看向树上的
小鸟，这是很好的指物练习

要找到对的节奏

在陪伴我自己的孩子，以及过去几年对大量家庭进行随行启蒙的过程中，我逐渐清晰地意识到，孩子的启蒙一定要遵循孩子生理、心理成长的客观规律。在这个过程中，节奏有时慢、有时快，找到对的节奏才能顺畅自如。所以，你会清晰地看到，那些靠想当然鼓捣出来的方法，大都一味求快，

既不知道快慢结合，也不知道如何快慢结合。

慢和快一样重要，在快节奏的现代生活里，我们能否在孩子0～6岁的那几年，时不时地俯下身来，从孩子的角度，你会看到这个世界上最美的风景，那是孩子眼中语言学的真相。

适时地坐下来吧，把他们抱在怀里，世界将会因此而大不同。

本章内容至此已全部结束，为了方便大家理解，我将英语启蒙"理"的步骤制图如下。

昀爸® 系统语言学理解阐述

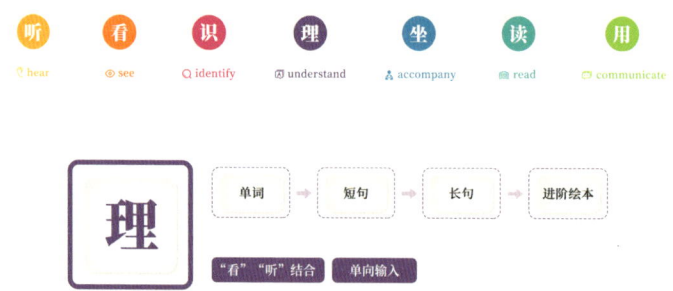

▲ 昀爸方法"理"的步骤

坐：坐下来，让孩子的未来在你的怀中展开

"自由自主阅读"（Free Voluntary Reading，FVR），孩子阅读能力的提升，包括词汇量的提升和语法能力的提升，都可以通过自由自主阅读，得到我们意想不到的好效果。

一定要让孩子"坐"下来，同时家长也要陪着孩子一起"坐"下来。

当孩子能够坐得住，围绕"坐"可以开展很多教学动作。在这一过程中，有一些规则需要遵循，比如，"家庭亲子阅读——教室原则""262 护眼原则"等。

家庭亲子阅读——怀抱坐立式绘本阅读

孩子 5 个月大，可以坐立时，家长即可尝试亲子阅读。孩子那么小，阅读该如何开启呢？

我们建议，采用怀抱坐立的方式进行亲子阅读，即把孩子抱在怀里，家长和孩子同向而坐，由家长手持绘本和点读笔，开启家长和宝宝的第一次亲子共读。这种亲子共读方式，就是我们一直在提倡的怀抱坐立式绘本阅读。

▲ 妈妈采用怀抱坐立式陪孩子阅读绘本

怀抱坐立的动作看似简单，却是对家长心理和生理的双重考验。

　　心理上，很多妈妈最初尝试这一方式时，总感觉不得要领，孩子或是爬开，或是跑开，然后看着学习群里老学员执行得力，每天带着孩子能读几十本甚至上百本绘本，心里自然着急、焦虑。

　　再者，妈妈尚未熟练运用这一阅读技巧之前，即便孩子坐定了，安静看书了，可是对于完全不会英语的妈妈来说，听着自己听不懂的语言，看着孩子开心地和绘本互动，自然也会感到紧张和压力。这些心理上的困难都是不可避免的。

　　生理上的困难又是怎么回事呢？

　　当孩子绘本阅读渐入佳境后，他们根本停不下来，会一直要求读、读、读。在此过程中，家长要始终陪伴左右，连续坐一小时甚至两小时，对于妈妈身体素质的考验自然不言而喻。

　　焦虑一定是育儿启蒙路上的大敌，越轻松快乐，心态越好，启蒙效果越好。相信我们的方法，每天都尝试着做一点点，一定会有惊喜。

　　用怀抱坐立的方式陪伴孩子阅读一年，就可以一点点放手了。有条件的父母，当然还可以继续，而对于事情多一点的父母，需要工作就去工作，因为孩子可以独立地进行阅读了。

让孩子和书积极互动

有研究证明：在入学前，孩子能够接触的书籍刊物等的数量，和孩子今后的阅读能力呈现正相关。简单地说，就是家庭书籍越多，孩子未来阅读能力可能会越强。

家里有足够给孩子阅读的书，是非常重要的前提。

很多妈妈会误以为，应该先培养孩子的阅读兴趣。其实，我们是从孩子的阅读兴趣出发，培养孩子的阅读习惯。

孩子天生就对一切事物感兴趣，对书和对阅读也是如此。他们对父母喜欢的东西尤其感兴趣，如果父母手里总是摆弄手机，他们也希望拿过来看一看；如果父母手里总是捧着一本书，即使不看，哪怕假装在看，也会让孩子对书的兴趣越来越浓厚。

家庭中，如果孩子随处可见书籍，那孩子也会对书越来越感兴趣。

▲ 小朋友在专注点读绘本

孩子两个月大时，如果父母经常拿出书本，并表现出浓厚的兴趣，那孩子也一定会想拿过来看看。孩子拿到书后会翻看吗？这是成年人的刻板逻辑。小龄孩子不会翻看，但会拿过书来，会啃，会闻，会颠来倒去，甚至扔出去，因为对他们来说，扔东西也是一件好玩的事情。

所以，当有些父母抱怨他们家的孩子对书没兴趣，拿到书后不是啃就是扔时，那其实就是他们家的孩子正在和书积极互动呢！

坚持怀抱坐立式亲子阅读的意义

美国孩子幼儿园入学后，文化课第一课的内容中会有这样一段说明文字：

在这节课里，孩子需要掌握以下重要内容：明确书的上下左右，明确书有封面和封底，明确书的内容页，明确书的内容页上有图片、文字或者图文结合，明确阅读是由上至下、由左至右。

这种课程是针对 5 岁左右的美国孩子的，美国教育部官方统计美国本土幼儿园入园的年龄是 5 岁。

在美国，孩子 5 岁时才开始学习这些内容，而我们面对的是一个才 10 个月大的中国宝宝，怎么可能要求他一上来就把书打开并逐页翻看呢？不可能的！

所以，一个循序渐进的过程必不可少。对于月龄小的宝宝来说，"坐"是绘本阅读的重要的第一步。怎么"坐"呢？采用怀抱坐立式。家长一定要明确怀抱坐立式的绘本阅读方式。

接下来，家长可以尝试和宝宝一起拿起绘本，为宝宝示范应该如何看一本书。在这个过程中，宝宝啃一下，闻一闻，拿着扔出去，开始时都尽量满足。我们成年人非常明确地知道，绘本不是用来吃的，而宝宝是不知道的，他用嘴巴啃一啃，这是小龄宝宝探索世界的重要方式之一。我们可以认为，那样做并非我们的期望，但要明白，因为宝宝感兴趣，所以才会啃一下、闻一闻，特别感兴趣时才会想要扔出去。

▲ 学会翻页是宝宝阅读道路上的"里程碑"

如果在 1 岁前，宝宝已经可以很好地在您的怀里和您一起阅读绘本，那么接下来的挑战就是如何"翻页"。

我在《昀爸亲子英文早教：0～3 岁宝宝英语启蒙》一书中，用了整整一个篇章描述我的孩子是如何学会逐页翻页的，其实就是想告诉宝妈、宝爸们，宝宝会翻页，即便有时翻一两页，有时翻好几页，都是宝宝阅读道路上的"里程碑"。宝宝学会逐页翻页，是一个一定要记录下来的突破。

很多宝妈都反映，在陪宝宝阅读绘本的过程中，孩子总会中途跑开，或在身边又蹦又跳，根本无法知道他有没有看进去。之所以出现这种情况，是因为孩子还没有把绘本阅读习惯培养起来。

采用怀抱坐立式的绘本阅读方式，父母可以更好地感受怀里孩子的状况。在阅读过程中，父母感受孩子的身体，他是不是累了？感受孩子的情绪，他开心吗？他喜欢正在读的书吗？他是不是有了迟疑和焦虑？眼前的绘本，对于孩子来说是不是有点难了？

通过怀抱坐立式的绘本阅读方式，在几个月的时间里，父母能够和孩子建立非常良好的默契关系，这是孩子高效阅读绘本的重要基础。

如果从孩子出生，父母就把儿童心理学、个体心理学这样有力的武器应用起来，很快就能很好地理解孩子，很好地理解爱人，很好地理解家人，很好地理解自己，生活也能很好理解，生活很快乐，孩子真是好带，育儿很快乐——快乐育儿。

但我们不可能要求家长一定要了解心理学。所以，我们把心理学的一些内容灌注到书中每一个小的方法里。

人类为了寻找安全感，会通过精神来带动行为。我们把怀抱坐立式绘本阅读方式，作为一种安全感方向的设定，在很早期，让孩子就找到了一种正确的安全感的方向。依此，无论未来，孩子的精神、情感如何引发行动，克服一路阅读成长的各种坎坷，自立自强，卓越成才，都成了既定的可能。

阅读绘本是为了有一天远离它

绘本，因其有大量图片，所以会影响孩子的深度思考。更好的读物当然是真书（没有图片的文字书籍）。但绘本又是孩子提升阅读能力，积累词汇量、丰富语法的必由之路。

父母需要清楚的是，陪伴孩子阅读绘本，就是为了终有一天，把这个"拐杖"扔掉，带孩子阅读真书。所以，绘本需要升级，需要解码。

初级解码，就是帮助孩子听懂绘本。是听懂，并非读懂，在没有学会自然拼读之前，孩子是无法独立阅读绘本的。此时，孩子只能依靠点读笔等文字转语音设备，或者父母的朗读，同时结合漂亮的画面，完成绘本阅读，其实是绘本的"听读"。对于孩子来说，能够听懂的绘本和动画片是一样的，阅读的乐趣自在其中。

随着孩子学习的不断深入，书籍解码的过程会变得越来越难，不能很好地解码的书，孩子无法读懂，便会被束之高阁。这时，孩子就需要父母家长从旁协助解码。

家里的书籍数量一定要足够多，读过的绘本尽量不要过多地重复阅读。父母需要给孩子难度渐次提升的读物，让孩子从听读绘本最终实现独立阅读文字真书。

▲ 书香浸润童年，给孩子一个小型家庭图书馆

　　需要父母注意的是，在孩子阅读的初期，要尽最大努力进行怀抱坐立式亲子阅读，这也是下文即将介绍的家庭亲子阅读——"教室原则"的基础。

不可忽视的家庭亲子阅读——"教室原则"

　　家庭亲子阅读——"教室原则"的一个前提，是父母不能焦虑，不能对孩子过分要求，不能揠苗助长。一定要遵循孩子的成长规律，陪伴中重观察，遵科学，用巧方，见真相。

　　在陪伴孩子阅读的过程中，如果感觉孩子不快乐，那就赶快停下来。或者说，家庭亲子阅读——"教室原则"的首要目标，不是孩子爱读会学，而是通过阅读，父母找到了陪伴孩子阅读的节奏，发现原来陪孩子阅读可以那么快乐；孩子也同样感受到了父母陪伴自己阅读的快乐，进而不给书看就大哭。

　　在培养孩子绘本阅读习惯的过程中，需要遵循家庭亲子阅读——"教室原则"，简称"教室原则"。

　　什么是教室？教室是学生上课的地方。如果按一天8节课、一节课45分钟计算，孩子一天有360分钟、整整6小时都坐在教室里听课和学习。

▲ 要培养孩子在"教室"里
　读书的习惯

　　为什么在教室里孩子能学习那么久，在家里连 15 分钟都坐不住？结合大量的书籍文献、研究报道，以及我的育儿实践和大量读者的家庭实践反馈，我们最终确立并推广了一种助力家庭陪伴阅读启蒙的方式——"教室原则"。

1. "教室原则"的时间

　　让孩子在几个月里培养出非常优秀的阅读习惯，要从固定阅读时间开始。每天选择 2 ～ 3 个固定的时间，比如吃完早饭之后、中午午睡醒来、爸爸下班回家之后，或者父母着手准备晚饭时。如此持续一段时间，孩子就会形成阅读的生物钟。

2. "教室原则"的地点

在家中找一个固定的地方，采光要好，清空周围的杂物，尤其要清空会分散宝宝注意力的物品。不要选择有鱼缸、壁炉、动态家装装饰物等物品的地方，当然花草除外。这样一个小角落，我们完全可以把它当作孩子每天需要走进去的"教室"。

除此之外，还要有约束孩子的"课桌椅"——妈妈的怀抱。要从一开始就把"教室"的概念灌输给孩子，要让孩子知道，和爸爸、妈妈开展亲子阅读就应该这样进行。

我们都知道，教室的课桌下面有一个桌兜，可以放书包和上课所需的课本。

那么，学生可不可以在上课期间随意拿出这些课本呢？当然不可以。完成一门课之后，进入下一门课时，学生才会拿出相应的教材。但是，即便这样一个动作，对于刚开始上学的孩子来说，都是不容易做到的。

在我们小的时候，还没有像现在这样的早教课，幼儿园也学不到什么东西。刚入小学时，大家都不知道什么是算术课、英语课、体育课，拿到的教材哪一本与哪门课相对应，都不清楚。所以，老师必须手握教材在全班同学面前展示，同学们逐一找到一模一样的书本，并拿出来，然后才开始上课。

那么，我们在家中陪着孩子进行绘本阅读时，上文所说的小规则应该怎样匹配呢？

在培养阅读习惯的初期，结合孩子 0～3 岁的年龄特点，我们不能在家中的"教室"放书，而是要带着书进"教室"，读完一本，让其他家人帮忙再拿进来一本，或者自己去拿，回来后接着和孩子继续阅读。

随着孩子绘本阅读习惯的初步养成，我们可以在"教室"里放一个小书架，读完一本，让孩子把读过的书放回书架，然后再拿一本想读的书。

▲ 孩子一个人也可以在"教室"里读起来

3. "教室原则"的人物

培养阅读习惯的初期，陪伴孩子阅读的家人最好固定下来，这不仅有利于孩子获得阅读的仪式感，而且对孩子建立阅读信心，并形成阅读习惯大有裨益，还有利于培养家长和孩子之间的亲子默契。

在孩子培养阅读习惯的初期，我们建议每天 3 个时间段都由爸爸或者妈妈来陪读，如果白天的两次阅读都由妈妈来陪伴，那么，晚上的一次阅读就可以等爸爸下班回来后再陪伴。

不过，在孩子的绘本阅读习惯真正建立之前，建议主要还是由一人来完成陪读，毕竟绘本阅读习惯的培养，不仅涉及孩子，而且涉及父母。

有的妈妈反馈，在培养孩子阅读习惯的过程中，孩子不愿意遵循"教室原则"，该怎么办呢？

我举个例子，比如，我们驾车前行时，有时因为需要避让一些障碍物而稍稍调整方向盘，无论是往左调整，还是往右调整，最终仍要将方向盘回正，并保持前行的方向。"教室原则"也是如此，我们一定要强调怀抱坐立式。

阅读时，如果孩子不配合，非要坐在大人身边，那么暂时不读也罢；如果孩子态度特别强硬，刚开始阅读没多久，那么我们迁就一下，遵从孩子的意愿也未尝不可。这是一种调整的方式。阅读过程中，一旦发现孩子有特别爱看的书，抓住机会悄悄地把孩子抱进怀里，以怀抱坐立式完成该书的阅读。

既然是"教室原则"，孩子在"教室"里读书时，就不能受其他家人干扰。尤其是培养绘本阅读习惯的初期，如果平时特别爱说话的爷爷或者奶奶，在孩子读书时突然安静下来，孩子会立即觉察到这种变化，并在绘本阅读时获得强烈的仪式感。

一个乖巧的孩子，一个安静的孩子，一个好动的孩子，一个调皮的孩子，一个顽劣的孩子——无论什么样的孩子进入教室，都须安静下来认真听讲。不同的孩子，适应所需的时间长短会有所不同，这要看身为孩子"专属教师"的父母有多少耐心，以及是否坚持采用怀抱坐立式绘本阅读方式进行亲子阅读了。

为了便于大家理解，在本章的最后，我将英语启蒙"坐"的要点制图如下。

昫爸®系统语言学理解阐述

▲ 昫爸方法"坐"的步骤

读：自由自主阅读（Free Voluntary Reading，FVR)

孩子已经真正开启绘本阅读了。本章，我将围绕"读绘本"这一核心，从绘本的分类、英文绘本的甄选，以及父母如何科学地陪伴孩子进行绘本阅读 3 方面展开介绍。

绘本的分类

绘本（Picture Book），又称图画书，即"画出来的书"，泛指以绘画为主并附有少量文字的一类书籍。绘本不仅讲故事、传播知识，而且可以帮助孩子全面构建精神世界，培养多元智能。

绘本在很多国家是家庭首选的儿童读物，是国际公认的"最适合幼儿阅读的图书"。绘本可以帮助孩子积累用以阅读真书之前，所需要的必备的词汇量和丰富的语法。

在我们的方法里，把绘本分为低幼启蒙绘本、单词绘本、进阶绘本、情绪及品格培养绘本、学科绘本（英语、数学、物理、化学）、桥梁书等几类。

桥梁书（Early Chapter Book），是介于图画书和纯文字书之间的一种图书类型，优秀的桥梁书会针对儿童的不同阅读水平而有不同的内容指向。

▲ 这位小朋友读的就是"桥梁书"，文字多，图画少

早期的布书可以算作低幼启蒙绘本，孩子出生前后，很多父母都会准备几本童书。

在绘本阅读的前期，最为重要的其实是单词绘本。

孩子阅读进阶前，一定要积累足够的单词量，除了单词卡片，阅读单词绘本其实是积累单词最理想的方式。阅读单词绘本，不仅可以增加孩子的词汇量，而且可以通过阅读单词绘本不断提高孩子的绘本阅读水平，巩固绘本阅读习惯。

英文绘本及书籍的甄选

关于英文绘本的甄选问题，以下几点需要家长们注意。

（1）选择全英文绘本，不要选择中英双语绘本。原因包括以下 3 点。

① 人类可以将文字以图形符号的方式加以记忆，最多可以记住 2000 个。所以在绘本阅读中，乍看是看图片、读单词，然后将单词和对应的含义绑定起来，但在实际过程中，孩子会有意无意地记住图片周围的单词。如果孩子对于语言没有总体认识之前，同时在书页上看到中文和英文，会严重扰乱孩子对于单一语言系统的正确认识，从而影响孩子的语言学习。

② 孩子对书写的单词会有意无意地记忆。随着年龄的增长，这种意识会逐渐增强。宝宝会对单词拼写越来越感兴趣，前提是他之前所读的绘本中没有中英文共存的绘本。

③ 从绘本的甄选方式来看，它可以帮助孩子建立一种重要的语言意识。不同语言之间是一种并行关系，切不可主观建立某种"辅助作用"，这种"辅助作用"包括"翻译"。

比如，有的父母说出"苹果"，然后让孩子读出与苹果相对应的英语单词 apple，认为这就是学英语的方式。这种源于主观的"硬翻译"，恰恰是孩子汉语言、英语学习路上的荆棘，负面效果极大。

(2)选择兰登书屋(Random House)、学乐(Scholastic)、七星瓢虫（Ladybird）等国际知名出版社或出版公司出版的畅销绘本。父母可以根据孩子的实际情况有针对性地选书。昫昫5岁时，我统计家里已经买了万册以上的绘本及各类书籍。5 岁 8 个月前，昫昫读到了《Dragon Rider》《Wonder》的水平。5 岁 9 个月，开始阅读《Sophie's World》，开始认识苏格拉底、康德、弗洛伊德，开启了哲学启蒙之路。

 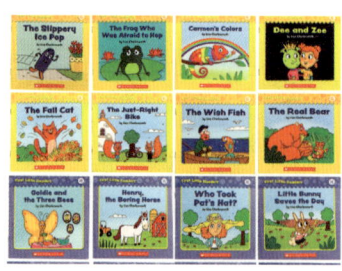

▲ 国际畅销绘本

（3）购买原版绘本和书籍。

（4）给月龄小的孩子购买绘本，要选择纸张厚实、边角柔软不锋利的版本。

（5）绘本买回来之后，建议在通风处放置几天，然后再开始使用。

父母如何科学地陪伴宝宝进行绘本阅读

如何陪伴孩子科学、系统地阅读绘本，这是父母在给孩子进行语言启蒙时必须认真对待的问题。对此，很多妈妈陷入了我要给孩子讲解、我要给孩子提问、我要明确孩子绘本阅读的成长阶段等误区。类似这种情况，父母基本上都是不自觉地将自己定义为孩子的"英语教师"。

其实并不需要如此，我们简单梳理一下父母伴读时必须完成的任务。

在绘本阅读方面，父母首先要贯彻"教室原则"。

伴读过程中，父母要从单词绘本开始，学会从侧后方不断观察孩子的眼神和表情，感受孩子在阅读过程中的情绪变化。指物练习时，则要观察孩子的眼神是否跟着父母的点读笔、手指游走，是否全程专注。时间久了，父母将慢慢成为最懂孩子阅读习惯的"专家"。

其次，父母要找到孩子最佳的阅读状态，一旦发现，要将之深深地印刻在脑海中。

试想您看到了这样一幅画面：孩子脸上有一种特有的疲惫，像极了在游乐园畅玩一天后的状态。日落黄昏之时，孩子在您的背上露出酣睡之前的表情，同时伴着饥饿……有了这样一次发现，您就有了孩子绘本阅读质量的参考标准。

当孩子有了单次1小时左右的绘本阅读时长，说明孩子正朝着优秀的绘本阅读习惯大踏步迈进。同时您会发现，孩子对于读什么绘本开始有了非常明确的意愿。

▲ 孩子开心地与"跟读完的书"合影

这时，您可以加入进阶绘本了。进阶绘本不仅能丰富绘本的素材内容，而且能通过更加丰富的语言语句，按阶提高的语句难度，不断增加的语言使用场景等，提高宝宝英语语言的水平。

简单来说，进阶绘本有效阅读越多，孩子的英语水平越高。因此，绘本的升级进阶就成了父母需要协助孩子完成的一门非常重要的功课。不过，进阶的同时，可能伴随着一次次的挫败感，这一点父母要有心理准备。

孩子在听父母朗读或者在使用点读笔点时，并非每本书里的每一个单词都能理解。我们不是要求父母找到这些单词，逐一帮助孩子讲解，而是希望父母知道，每本绘本里，甚至每一个页面上，个别单词孩子不理解，并不影响孩子对内容的理解。对于孩子来说，靠听理解不了的个别单词，靠图片也可以理解；即便听到的语句里有个别单词不理解，但是并不影响对于由图片串联起来的整个故事的理解。

不过，当某一级别的所有绘本都已顺利点读完，升到高一阶段时，孩子很有可能遇到某本或者某几本绘本，因为其中不能理解的单词较多而影响对整个绘本的理解，孩子甚至因此产生焦虑感和挫败感。遇到这种情况应该如何解决呢？此处再强调一下，父母应该敞开温暖的怀抱，给予孩子鼓励，巩固"教室原则"固定的阅读习惯，让孩子在阅读惯性之下，适应难度较高的进阶绘本，克服因为绘本进阶产生的阶段性的焦虑感和挫败感，使之适应更高一阶的绘本，以提升英语水平。

培养孩子的阅读习惯，好比往一个杯底有洞的杯子里蓄水，一旦停下来，水很快就会流光，孩子之前培养的阅读习惯，会因一段时间的疏忽和懈怠而完全消失，道理正在于此。

所以，父母必须拥有持久的耐力和耐心。即便有了良好的阅读习惯，孩子也可能因阅读中遇到的某次挫折而突然中断。这种挫折其实非常常见，比如，阅读难度过高的一本书时，家长在阅读过程中训斥孩子，阅读过程中家人争吵、干扰，等等。

如果采用怀抱坐立式的绘本阅读方式，父母可以近距离地靠近孩子，把握孩子情绪的瞬息变化，就能很好地保护孩子的阅读习惯，不断提高孩子的阅读能力。

关于读的内容，为了方便大家理解，我们将英语启蒙"读"的要点制图如下。

昀爸®系统语言学理解阐述

▲ 昀爸方法"读"的步骤

自由自主阅读和我的读者有何关系

自由自主阅读（Free Voluntary Reading，FVR）的作用是有效提升阅读能力，阅读能力又和孩子的在校成绩呈现"正相关"。

之所以这样说，其实是希望更多家庭的父母，能够认识到帮助孩子进行自由自主阅读的重要意义。考试不代表一切，阅读世界才是未来，那自由自主阅读是不可忽视的利器。如果眼下父母确实只关注孩子的学校成绩，那自由自主阅读也是一个好工具。

自由自主阅读其实就是在阅读过程中，不需要孩子死记硬背单词，不教授考查语法知识，父母不教授内容知识，让孩子有选书的权利，孩子选择爱读的，全程无压快乐阅读。在自由自主阅读的前提下，阅读时间就和阅读能力呈现良好的"正相关"，即阅读越多，词汇量越多，语法越优秀。

一个优秀阅读者的阅读方式是什么样的呢？

阅读、思考、提问、寻找（咀嚼、吞咽、消化、吸收）是孩子阅读的完美闭环。一旦形成这样的阅读模式（无论孩子几岁），真正的自学就开始了。孩子沉浸在自学的世界，家长还用得着发愁孩子的学习吗？收获一个优等生，顺理成章。

▲ 孩子阅读的完美闭环

　　优秀阅读闭环方式的起始点是阅读，昀爸推荐自由自主阅读的方式。

　　闭环的形成，需要尊重孩子阅读能力的自然成长。阅读的内容孩子真的读进去，需要宽松舒适的阅读环境，家长陪伴身边，家长不给孩子任何压力，不考察，不强逼。家长陪伴，快乐轻松。

阅读的节奏需要孩子自己掌握，这样整体的阅读速度一定会越来越快，如果结合上至少一年的系统跟读，阅读的速度会更快，更理想。

有了好的阅读环境，孩子自己掌握了好的阅读节奏，就会开始对阅读的内容进行思考，进而会提出问题。引导孩子从书中寻找答案，也许不能第一时间找到，但问题将会持续停留在孩子的头脑中，最终，由阅读，看清世界。

用：就是和语言的互动

听、看、识、理、坐、读、用 7 个维度中，"用"尤为重要。不过，只有正确理解"用"，才能真正发挥"用"的作用，才能把之前 6 个维度的所学落到实处。

《昫爸英语：0～6 岁儿童英语学习全指导》一书中，我们按照"用"的落地实操方案进行书写，但在本书中，基于最新的对于孩子家庭语言启蒙的理解，我们给出一种更高维度的观点。

利用已经"开窍"的语言能力

"用"就是如何利用已经"开窍"的语言能力，帮助孩子胜在未来。

　　我培养儿子的切身感悟是，培养拔尖人才要趁早，要通过大量阅读来辅助。父母不能揠苗助长。父母要学会巧培养，入学前花一点心思，在新的教育方向上，孩子的前途将无可限量。

　　这"一点心思"是什么呢？

　　就是在孩子语言启蒙的过程中，孩子脑发展优秀，语言启蒙优秀，热爱阅读，爱读会学后，父母从旁观察、引导，并找到孩子可以"专长"的一门学科。这样，语言的早期优秀启蒙，对于孩子的未来才更有用。

　　在英国，偏爱数学的学生往往在小学阶段就学完了数学史。这句话里，我们要留意，前提是孩子一定是很早就具备了优秀的阅读能力，才能更早地进入一门学科，阅读培优。通过小学和中学阶段持续的数学知识阅读与训练，进入大学数学系的英国学生的数学知识面，相比高考之后才选择数学专业的学生，要强很多。

　　在国内，18～20岁通过高考进入中医药大学的学生，几乎没有人会背诵《黄帝内经》《药性赋》《汤头歌》等，但这些知识往往在传统中医世家，都是子弟少儿时期的必背经典著作。

　　我对"用"的最新理解，就是要帮助孩子尽早找到他将来学术精钻的方向。趁年少，立小专。所以，已经具备了自主阅读能力的昀昀，我给他准备了像《苏菲的世界》(Sophie's World）这样的哲学入门书，也会在人文历史和英文的方向上帮他进一步选书，帮助他——趁年少，立小专。

▲ 昀昀在读《苏菲的世界》英文版，扫码可观看视频

趁年少，立小专

作为孩子的父亲，我一定要给他最好的，这句话里有逻辑、常理的不正确。调整一下：作为孩子的父亲，我一定要给他，我能给的最好的。这句话里，常理上还是不正确，因为，过于个性化。我认为的最好，是不是就真的是最好的，甚至，是不是好的？万一我认为的最好的，其实是糟粕呢？

我的孩子 5 岁半开始读哲学，我非常确定，是好的！

看着眼下的"双减"政策，以及目所能及的一些家长的所作所为，我确定，我的认为是好的。我的认为，就是读书，读书是我能给孩子的最好的。

我要让孩子具备阅读的习惯和水准，趁年少、立小专。

前几天，有个女孩接受采访，问她对未来的理想，她说"上北清"，问她如何备考，是否有压力和焦虑？她说不是大事，因为参加了生物竞赛得了大奖，已经保送了北大。

这就是我所说的立小专。我坚信，孩子应该在更早，比如，十三四岁开始一个专业的深度学习，这之前，在这个专业上已经有了很大的阅读积累和多年深度的思考和摸索。

这是科学家的培养方式，是专项专业人才的培养方向。孩子读书是一个国家和家庭的付出项，而孩子读书读出来了，能够学以致用，才能真正报效祖国。

所以，孩子从出生，在吃喝拉撒方面，都是勤攻略，买划算，买国产，多观察。而陪伴的时间和质量，是我认为最重要和最根本的，也就是我认为最好的。

当我的陪伴阅读，引导孩子真的能从绘本读到了大部头的文字书，5 岁半读哲学，5 岁 10 个月读《时间简史》的时候，我的快乐育儿有了让全家都快乐的成果。

6 岁前，我的孩子完成了这样的路径：阅读绘本是为了阅读"真书"，阅读"真书"才能读以致用。

人都喜欢抓得住的东西。我上学的时候也想抓住出国留学的机会，但是普通而且贫穷，所以只能靠学好语言，干好工作。作为翻译，倒是去过不少国家。

普通而贫穷的人，应该不会拿生活开玩笑，因为没有资本开玩笑，玩笑不起。读幼稚绘本是很开心，但阅读文字、从阅读找到专业，趁年少、立小专，是我这样普通家庭实现梦想的方式。我们都想好好看看这个世界更真实的样子，那不是学校那点知识，就能满足得了的梦想。哲学、文史、天文学、科学，想走近它们，别说没钱，就是有钱，也未必能看清楚。看清更大的世界，是我以及期望儿子昫昫想要抓住的东西。

▲ 热爱阅读的孩子，会更加热爱这个世界

陪伴找节奏 成长不会输

在我看来，家庭育儿有 4 步：

① 观察了解孩子（陪伴）；

② 熟悉成长节奏（找节奏）；

③ 对话鼓励促进；

④ 结果静待花开。

每一步都需要夯实，走稳。

父母都觉得带孩子太难，其实是方向不对，有一句英文这样说：There's no right way to do a wrong thing.

第一步，或者最初的几年，不应该只是父母养娃、启蒙娃、教育娃，而应该是父母要和娃一起成长。

先要多陪伴观察，所以，即便是先天智力有缺陷、教育程度不高，或者是失聪聋哑的父母，其实也能带出特别好的孩子，因为这些父母做好了最重要的第一步：观察了解孩子。

这就像幼儿园里孩子的小伙伴，如果他们愿意了解彼此，就能对好朋友的成长起到特别好的促进作用。这就是为什么我们感觉孩子上了幼儿园一段时间，孩子好像慢慢地长大了。当然，幼儿园的优秀教师，也一定发挥了重要作用。

第一步：观察了解孩子，一点都不难；

第二步：熟悉成长节奏，我也称为陪伴找节奏，也不难，只是需要父母调转思路，就像下面爬山的例子，好好看一下就明白"陪伴找节奏"的意思了。

有一对母子去爬山，下山的时候，男孩走得很好很快，但妈妈在旁边一直骂他，因为他走得太快了！男孩妈妈以各种借口骂他，冲他发脾气，比如，"你走那么快，碰到别人怎么办？！"

其实，就是妈妈走得慢，跟不上孩子，急了！为什么孩子没有想，妈妈走得慢，等一会儿妈妈呢？因为从一出生，男孩就是这样被对待的，没有哪个家人在乎男孩成长的节奏，父母想快就快，想慢就慢。我们要知道，孩子成长的快慢，不是由人的主观意志来决定的，而是好的陪伴节奏发挥作用的结果。

网上看到过这样的例子：

博士妈妈哭诉，说不想当孩子的妈妈了，因为孩子3小时都写不完几个字。这个就是典型的"节奏不好"。

拿健身为例子：

初学者，既没有技术，也没有信心的时候，要慢慢来。每次练一小会儿，练过了，第二天要休息。这样持续一年，练习每天能达到45分钟了，技术也越来越好，信心也越来越足了。这时候，你再看这位曾经的初学者，可能身材已经很健美了。

学习成长也是一样的，而大部分父母，其实是做反了。比如，一个孩子，家长判定他数学不好，就会让孩子拼命练习，甚至一天练 4 小时，这是违背自然规律的事情。

正确的方法，应该是从简单的小量练习开始，让孩子无压力负担地适应学习训练。然后，慢慢建立自信。自信心非常重要！有了自信心，才会从内心深处真正喜欢，才能热爱并坚持。任何一门学科的优秀，都需要持续地钻研，不可能一蹴而就。

▲ 孩子的习惯要从小在潜移默化中慢慢养成

如果觉得孩子哪方面薄弱，就应该慢慢来，给孩子更多的信心，细心陪伴，陪伴找节奏，静待花开。

前两步做好了，第三步对话鼓励促进，其实是一个加项。父母可以通过阅读一些家庭教育、儿童心理学书籍，来进一步增强带娃本领。当然，正如上面所强调的，这是个加项，父母不需要特别执着，做得好自然提高，做得不顺手，也不需要气馁。

一位懂孩子、懂陪伴找节奏意义的农村不识字的奶奶，也可以带出好娃，这是一定可以的。

最后，就是结果静待花开。心智健全的孩子，未来做科研，或者成为大国工匠，都会是国之栋梁。

陪伴里，每一分钟的快乐，都能让父母看到更远方。

昫昫的成长路径

我在我的上一本书里，列出了 0～3 岁妈妈所要做的功课。3 年后再看这部分内容，我有了更加落地、可实操的梳理。这种重新的梳理或者说升级的原因，是基于对家庭父母的生活压力和时间分配的更深刻的分析和考虑。

这里也再分享一下陪伴育儿启蒙一路，一个必须持之以恒的前提——快乐。这个前提是最为重要的。在陪伴孩子做任何事情的时候，都应该是快乐的。如果孩子快乐地做，那就是对的，如果孩子不喜欢、不快乐，那就是错的。

而且，我可以很肯定地告诉父母读者，孩子不快乐，你带孩子学什么，都不会有很好的效果。

带着这份快乐，我陪着我的儿子昫昫已经走过了 6 年。

很多父母都很希望知道昫昫 0～6 岁的成长路径，我在以

往的书中，以及在很多平台，都有分享。这里，再做一个更
为清晰的梳理和分享：

0～1 岁：吃喝拉撒；

1～2 岁：怀抱坐立；

2～3 岁：准 FVR 绘本阅读；

3～4 岁：跟读有量，语言有依；

4～5 岁：读有专业，读有思考；

5～6 岁：专业深入，读有佳、读成长。

这是一个简要的概括，接下来，我逐一进行详细的解读。

0～1 岁：吃喝拉撒

这是我最关注，也是花费时间最多的。这一年里，我确
实花费了不少时间找孩子的语言启蒙方法，但作为新手父亲，
我心里最关切的，是孩子能否健康成长。

孩子 1 岁生日的时候，让我最为自信而坚定的，就是孩
子健康成长着，没病，没去过医院，能走路，胖乎乎的。

希望我的读者，也能如此不焦虑、开心快乐地陪伴孩子，
从新手父母蜕变为懂孩子、会带娃的父母。

0～1 岁，孩子的吃喝拉撒，父母能熟练上手，这是关键。
至于语言启蒙方面，按照本书介绍的方法，不断练习、尝试

即可。

孩子个体之间的差异是一定存在的。有的孩子5～6个月，就能很好地在父母怀里看绘本，完成一次标准的怀抱坐立式绘本阅读；有的家庭，试了3～4个月，都不见效果。这些都没有关系，只要父母坚持尝试，即可静待花开。

▲ 昀爸全职带昀昀

0～1岁，孩子健康，父母熟练带娃，是关键。

1～2岁：怀抱坐立

这一年，孩子在我的怀里很扎实地读了一年绘本。在这个过程中，我的坚持是"形式大于内容"。

正如孩子5个月，就可以很好地在我怀里看绘本一样，形式更重要：温暖的怀抱，快乐地看绘本，习惯的培养，时间、地点的固定，等等（参见家庭亲子阅读——教室原则）。这一年下来，孩子喜欢在父母怀里阅读，比孩子读懂了什么要重要得多。

不急不躁，快乐陪伴，快乐阅读。

▲ 昀爸陪伴昀昀阅读

2～3岁：准FVR绘本阅读

斯蒂芬·克拉申在《阅读的力量》一书中对自由自主阅读（Free Voluntary Reading，FVR）进行了详尽阐述，表达了自由自主阅读对于孩子词汇量有效提升和复杂语法掌握的正相关促进作用。

但克拉申或者乔姆斯基的研究，都是基于入学以后的孩子或者成人，并没有基于出生后小龄孩子的二语语言学习，和二语语言阅读。因此，我在实际带娃的过程中，结合中国家庭语言启蒙和家庭亲子阅读的实际，对FVR进行了调整，提出了"准FVR"的概念。

什么是"准FVR"？

"准 FVR"，指的是孩子在不识字的情况下，通过看图和听话语流音频，或者只听音频，实现的类似 FVR 的信息获取。

例如，不识字的孩子手持点读笔点读绘本，一边看图，一边听点读笔"读出"的文字，或者听卡通、听绘本的音频、听入门阶段的英文小小说，都属于准 FVR。

通过大量地点读绘本，以及听英语素材，实现了孩子通过准 FVR，有效提升词汇量和掌握复杂语法的效果。

以上文字，用通俗语言形容，就是多读绘本，多听素材，快乐陪伴，语言熟练。

当然，这时候的语言熟练，最多只是达到了孩子听得懂和能流利表达的水平，要达到语法的标准水平，还需要以后的成长。

2～3 岁，大量绘本阅读，也可以充分帮助孩子提升语言处理速度，为后期学术方面的成长成熟，打下必要的生理基础。

▲ 2 岁的昀昀借助点读笔阅读
英文词典

3～4 岁：跟读有量，语言有依

2020 年，整整一年时间，每天我都带着孩子跟读至少一小时。过程很有意思，因为之前陪伴找节奏做得好，所以，孩子"听话"，能坐得住，能完成跟读。

有了这一年的"硬核"基础，非常夯实的语言训练基础，发音准确、语法实在，孩子学会了不少复杂语法的使用，语言输出也更加娴熟和成熟。

同时我发现，正如文献资料所述，经过这样的练习之后，孩子的阅读速度得到了显著提升。由此，语言的成熟成长，有了依据，有了依靠。

4～5岁：读有专业，读有思考

人类可以用"图形符号"的方式记忆 2000 个字词，孩子从出生起就可以识字了，但我不支持这样做。我并不认为越早识字越好。

根据我的经验和所查的文献资料，以及大量家庭的案例，孩子 4 岁半以后教他识字，是比较理想的。因为在 4 岁半以前，需要把很多基础夯实，过早识字，并不必要。

我的方法里把自然拼读，也就是英语语言"识字"的方法，根据孩子的生理成长特点，拆成了几部分，大致概括下来，就是早接触，"晚"学会。

早接触，"晚"学会，说的是可以很早，比如，2 个月就可以通过音素，浅尝自然拼读的必要项；4 岁半之前，再陆续加入一些需要孩子认知、也符合孩子成长规律的项目；4岁半开始，用2周～1个月的时间，学会自然拼读。然后，在实际阅读中，不断掌握和熟练拼读阅读。

绘本的好处，是能帮助孩子更早地认识和理解这个世界，但缺点是影响孩子的深度思考。更适合孩子深度思考，进而逐渐进入学术思考的，是文字阅读。

▲ 下班回家，昀爸陪昀昀一起阅读

这个阶段，我给昀昀阅读了哲学小说《苏菲的世界》，他自己阅读了几十本牛津《书虫》。通过跟昀昀的交流，我可以清晰地发现，孩子的阅读有了初步的思考。

5～6岁：专业深入，读有佳、读成长

《奇迹男孩》这本书是一部树立优秀价值观的作品。通过阅读这本书，能让孩子知道，为人要爱阅读、善阅读、勇敢、

自信、善良，要有责任心，积极向上；能让孩子知道，结识贫穷的普通家庭的善良的孩子，结识虽然样貌难看，但内心善良的孩子，远比结识有钱有势、内心邪恶的孩子要更有意义，也更加美好。

▲ 不到 6 岁，昀昀读完了《奇迹男孩》英文版，该书连续超过 120 周蝉联《纽约时报》童书排行榜榜首

　　《奇迹男孩》这本书，在孩子 5 岁半之前，我已经陪他阅读了 3 遍，但形式略有不同：前面两遍，是我读给他听；第三遍，是我们一起听音频。等到孩子过了 5 岁半，又读了第 4 遍，这次是他独立阅读文字；然后，又读了第 5 遍，也就是最后一遍。这次是精读，即他每读完一章，我们就停下来，听孩子把读过的一章进行讲述，用他自己的语言，说清楚他读到了什么，收获了什么，有怎样的思考。

　　这一年里，我带孩子读佳作，读出了滋味，读出了思考。

　　现在，对《苏菲的世界》和《白鲸记》这两本书，孩子都开启了从阅读到精读的旅程。

　　我喜欢乔布斯。在《乔布斯传》中提到，乔布斯在大学时开始阅读《白鲸记》。这让我对孩子，特别是中国的孩子，在6岁或者再晚1～2年阅读《白鲸记》，产生了一点点期待。

　　培养祖国需要的人才，由家庭亲子阅读入手，进而在孩子更早的时候，读到一门专业上。随着孩子阅读的深入、专业的深入，读有佳、读成长。趁年少，立小专。

　　为了祖国的教育事业，我作为一名普通家庭的父亲，坚定地期待着。

昫爸®系统语言学理解阐述

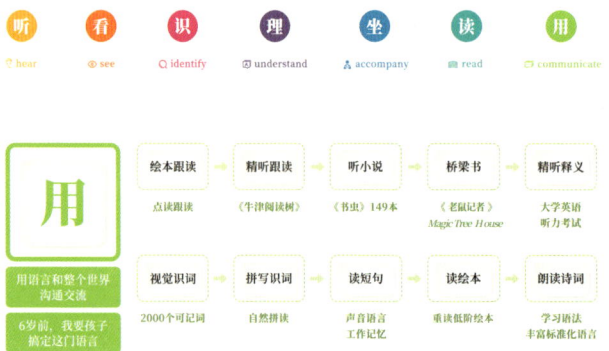

▲ 昫爸方法"用"的步骤

改变，
从
家庭亲子阅读
开始

下篇

我的育儿思考

孩子的人文历史如何启蒙

　　母语启蒙是外语启蒙的基础，中文启蒙是刚，外语随行得当。通过我们的语言启蒙系统方法，相比英语，我的孩子汉语启蒙更顺利。他从小就爱听各种中文的卡通、小小说（"从小"，这里暂且粗略一说。在我们的语言启蒙体系方法里，为了做细致的追踪研究，我们把孩子的年龄分得很细致：0～1个月,2～3个月，4～6个月，7～8个月，9～10个月，11～16个月，17～24个月，2～3岁，3～4岁，4～5岁，5～6岁）。

产品要能够帮家长缓解焦虑

　　我的孩子爱听语言类的素材，这反而成了一个小小的问题。因为在很多音频平台上，各种听的素材，质量良莠不齐，我尤其对一些连播剧乱改中国历史不以为然。每次孩子听这种"飞仙""古代什么机械兽"这些，我就感到焦虑。

从孩子 2 岁始，我就对"一套专业系统、不乏趣味，综合考虑孩子认知水平及成长发展的、详细介绍中国历史的小故事"抱以期待。

2021 年年初，我们和人民日报《国家人文历史》正式洽谈，联合开发人文历史的合作项目，出发点就是：这款产品一定是能够帮助低龄父母家长"缓解焦虑"的。轻巧带娃，甜蜜人生。这样的产品，听众可以是整个家庭，老少咸宜。

我给我的孩子花了几百元听了某个品牌完整的《西游记》，给他读漫画版、青少版《史记》，读四大名著，读各种传统故事，但还是有焦虑感，感觉没有学系统，或者说总感觉少学了什么。

因为我的专业不是人文历史，给孩子启蒙人文历史，我不专业。经过大量激烈的内部讨论，以及结合我们一些会员的反馈，我们提议这次合作的首个项目，是 101 集系统讲述中国人文历史的小故事，每集 6 ～ 8 分钟。前期，就是听，孩子和父母家长一起听即可。如果确实深受欢迎，后续可以出版纸质版本，供父母亲子阅读使用。

对于这个项目，我们提出了"十四个字的宗旨"：人文历史找线索，内容节奏故事性。

▲ 与人民日报《国家人文历史》杂志合作的项目海报

2021 年 7 月，项目方给出了几篇样稿，我们也很快找到了几百位试听的听众，采集反馈意见。我的孩子听了我录制的样张，非常喜欢，每个样张都反复听了好几遍，而且每晚睡前，还要求听。有时，还会思考，问我一些问题。

下面，我把我非常喜欢的一篇样稿和大家分享。这样的内容，是我很希望我的孩子能够认真听、听进去的精彩篇章。

六扇门——何谓中国，何谓中国人

当我们知道诸子百家，知道儒、释、道三教合流，知道仁、义、礼、智、信，知道阴阳、五行之说。我们缓缓打开了第一扇认识中国的大门。

这是一扇传统之门。

当我们知道秦皇、汉武，知道曹操、关羽，知道李白、杜甫，知道杨家将、岳家军，知道郑和，知道林则徐。我们缓缓打开了第二扇认识中国的大门。

这是一扇历史之门。

当我们知道《论语》《孟子》，知道《道德经》《孙子兵法》，知道诗词歌赋，知道亭台楼阁，知道琴棋书画。我们缓缓打开了第三扇认识中国的大门。

这是一扇文化之门。

当我们知道龙凤、祥云纹饰，当我们知道汉服、唐装的优美，知道婚丧嫁娶的礼节，知道清明节、重阳节，知道为什么吃粽子、吃月饼。我们缓缓打开了第四扇认识中国的大门。

这是一扇习俗之门。

当我们知道古琴曲有《高山流水》《平沙落雁》，当我们知道国画有《清明上河图》《千里江山图》，当我们知道有宏伟的龙门石窟、敦煌壁画。我们缓缓打开了第五扇认识中国的大门。

这是一扇艺术之门。

当我们知道道法自然、天人合一，当我们知道格物致知、修齐治平，当我们知道中庸之道，无欲则刚。我们缓缓打开了第六扇认识中国的大门。

这是一扇思维之门。

六扇大门全部敞开。

嗯，当昀爸、熊宝和小朋友们一起听完101个中国故事，打开六扇中国门之后，我们不但成了好朋友，还能一起认识中国、理解中国，成为一个真正的中国人。

▲ 项目中，昀爸和纪彭老师（熊宝配音）在录音棚中为小朋友们录音

每个杯子里都要倒点水

我还有这样的理解：

如果我们把中国的人文历史、传统文化、国粹等比作100个杯子，在孩子早期的家庭启蒙的时间里，每个杯子里面都

要倒上一点水，不要一个或者几个杯子倒很多，而其他的杯子都是空的。

6岁前，育儿繁忙，父母时间有限，精力有限。当父母家长知道有这100个杯子，就有了全盘看事件的优势，有了主动选择权。孩子读过听过，就有了系统认知，就能慢慢培养出对中国人文历史、传统文化和国粹的兴趣。如果孩子对京剧或者茶文化感兴趣，后面可以再找书阅读。

这样的产品制作起来不麻烦，因为有顶级出版社、顶级行家的帮助，有大家执笔，品质有保障。但是否能让孩子喜欢，父母是否能真正缓解焦虑，无压启蒙，轻巧陪伴，那就需要持续的用户反馈，不断调整内容。路漫漫其修远兮，吾将上下而求索。

做孩子的好伙伴

我们最怕的就是父母焦虑，父母在孩子身边持续地焦虑，孩子的启蒙培养难度就非常大了。

育儿路上，我也最怕听到专家讲的那些大道理，因为没多少用，看看书就行了。

在我们的方法系统里，一个重要的理论支撑就是：我们进行了大量专业书籍的阅读学习。如果你也恰好遇到能读得下去、真正属于你的那本书，可能你就开窍了；育儿陪伴，处理亲子关系就能开始顺畅起来，进而越来越顺，最后成为孩子的专属育儿专家。

做自己孩子的专属育儿专家

专属育儿专家这个词，很多人都反映说不大能理解。其实说起来也简单，就是处理关系的专家。

我们换个角色，打个比方：如果是我们的伴侣，你说谁更懂她／他，难道是不知道从哪儿来的某位专家？说："我更懂你太太／先生。"这就成了笑话了，或者成为一场灾难的开始。

自己的孩子，一定只有家长父母最懂。如果读到这里，你觉得还不懂身边的小家伙，那就认真读一读我们的这本新书吧！

阅读的技巧

关于阅读，我有一个技巧，当然，可能很多人都如此。

就是，如果一本书感觉读不下去了，就及时停掉。读不下去，其实说明这本书不适合你。同类型的书其实有很多，再选一本，找到那本能读得进去的即可。

我的经验，读书也看缘分。

这个道理当然也适用于孩子阅读绘本。所以，如果家长遇到孩子不爱读某本书，或者某套新书，并不需要担忧。找到他们喜欢的即可。而这本、这套目前他还不爱读的书，以后，有一天也许他就自己拿出来阅读了。

父母家长的心中一定不要生出这样的念头：孩子不爱读书；或者，让孩子爱读书很难。一定不要有这样的念想。

▲ 只要培养好阅读习惯，没有孩子不爱阅读

读过一本书，或者读懂了一本书，是可以让人精神为之一振的，但也不要以此自恃。

2021 年 3 月底，我的好朋友帮我引荐了一位投资人。我们是在北京望京凯悦酒店大堂见面的，我和我的朋友，还有这位投资人，我们三人聊了快两小时，越聊越畅快，我获益匪浅。

但在初谈的时刻，这位投资人问了我一本书。那书我没读过，然后他居然面露"鄙夷之色"，说："你做家庭教育的连这书也没看过吗？"我当时哭笑不得，心想以这位投资人的水平，怎么会脱口而出这么一句外行话。

要知道，教育类的书籍何止 10 万计。国际标准书号 ISBN 是 20 世纪 70 年代才出现的。ISBN 出现以前漫长岁月里留下的书籍多如天上的繁星，只能估算。2010 年，谷歌给出的世界书籍总量的数字是 1.3 亿册。

所以，我重申一下上述关于阅读的方法：

如果发现一本书读不下去，就放弃，马上去找同类型的书再试，找到那本你能读得进去的。不要因为阅读的难度影响了阅读的兴趣。如果掌握了这个很简单的方式，阅读量很快就能上去。同系列的书读了一段时间，回头再看那本曾经读不进去的书，也许就能读进去了。

同时，我强调一个阅读的要点：书要读系列，不能东读一本西读一本。如果这段时间读哲学，就好好地专心读哲学；过段时间读《史记》，就好好地把 130 篇《史记》一路读下去，尽己所能地读好、读懂、读透。

▲ 这是昫昫读的《史记》

　　这个方法当然也适用于孩子，孩子的课外阅读一定要按照这种方式进行。逼孩子读书，读一本他／她读不懂的书，是非常低效的阅读方式，也会严重影响孩子的阅读节奏，干扰阅读兴趣，破坏阅读习惯。

还有，别忘了我上面讲的那个例子：如果自己读了哪本书，别人没读过，并不表明你比别人更了不起，只是你和这本书有缘而已。

你读这本书，也是因为和身边爱的人有缘。你们成为伴侣，然后有了 baby，这个小家伙未来一定会成为你的最佳搭档，因为她 / 他从一出生就在拼尽全力地"读懂你"。

我们是为了知道而看世界？还是因为不知道而看世界？

我们不可能知道一切，所以，我们不能束缚孩子的求知欲和好奇心。

▲ 爱阅读的宝宝超级治愈

不能打孩子

很多道理，我们似乎都懂；很多道理，无处不在的专家似乎更懂，但真实落到生活当中，道理当不了饭吃。油盐酱醋，夫妻该吵架还是吵架；孩子"不听话"，还是有父母会凶孩子、骂孩子，甚至打孩子。

要知道，这些你正在吼着的、骂着的、打着的孩子，从出生就拼尽全力读懂你，了解你，紧贴你，爱着你，但就是因为你不懂他 / 她，因为父母不懂孩子，这些小家伙被一次次地打骂。

别打！

Power incites rebellion and defeats the purpose of child-raising.

任何时候都不能打孩子，成人自以为让孩子感觉到了自己的"权威"，其实是在孩子面前吃了败仗。表面上看，棍棒管教，效果立现，也会有家长坚信并期待着"棍棒之下出孝子"，那绝对是大概率的运气，比中彩票的概率要低更多。更多情况，是越打越不听话，甚至叛逆。

家庭中成人的"权威"很容易造成孩子的"叛逆"，也和培养孩子的根本相悖——教育的根本：培养德、智、体、美、劳全面发展的人格健全的爱家人、爱国家、爱社会、爱伙伴的孩子。

我们对孩子的认知和对地心的认知差不多

育儿一路，我从没体验过可怕的 2 岁，也从来没有体验过数学焦虑或者语文焦虑，我的孩子喜欢学习一切。

我用我的育儿经验这样解读孩子的学习：

试卷上第一行的 1+1=2 和最后一行的 1+9=10，也许在父母眼里，那是一页纸的距离，但我通过几年的贴身陪伴，清楚地知道，1+1=2 到 1+9=10 之间隔着的，可不是纸面上的十几厘米，而是映射在陪伴成长时光里的等待和坚持。于孩子，那可能是一个漫长的过程，是孩子心理和物理时间的叠加。这个过程有多长，答案就在陪伴的节奏里。

当发现孩子某道题或者某个系列的题做不出来的时候，就马上停下来。孩子愿意算算术，要比把每一道题都做对更重要，重要得多！

我们对于孩子的认识，也许和对地心的认知差不多吧。

很多妈妈因为对我们的信任，也开始阅读育儿启蒙的书目，这是令我们激动雀跃的事情。但同时，阅读的目的也一定要清楚。

一本书，读完或者读了一些的意义是什么？其实就是：你在任何情况下都不会再凶孩子，不会打骂孩子。如此，阅读就有了非常大的价值和意义。否则，读再多，读成专家学者，读到让·雅克·卢梭的水平，对孩子又有什么意义呢？

我不是卢梭，我是昫爸，我孩子的好伙伴，最佳伙伴。希望我的读者们，你们也都是你们孩子的好伙伴，最佳伙伴。

父母的陪伴是"超级发动机"

韦氏幼儿智力测试结果描述：

X 是一个 X 岁 X 个月的女孩，完成了 WPPSI-IV(CN) 中 6 个核心分测验（常识、类同、积木、矩阵推理、图片记忆和找虫）、5 个补充分测验（拼图、图画概念、动物家园、划消和动物译码）以及 2 个替代分测验的测试，并从测试结果中导出了合成分数。

其中，总智商来自 6 个核心分测验的量表分数的总和，是对总体智力功能的最有代表性的估计。X 的一般认知能力处于非常优秀水平，超过 99% 的同龄儿童。

昫妈问我这样的测试要不要给孩子测，我说："测！"

德国杜塞尔多夫中央火车站里有一家很漂亮的书店。在德国期间，每天我都会和昫昫从中央火车站下车，一起在书店里看一会儿书。然后挑选几本带上，走出站台步行十几分钟，到国王大道和昫妈会合。然后一起散散步，步行去她很喜欢的一家猪肘店共进晚餐。我不吃东西，就点上一杯啤酒，思考和想念着家里昫爸读书会的大伙儿。那时候，昫爸读书会已经初见雏形，还有一个名字，叫作原高阶一班。

为什么会想要给我的孩子报名超常儿童的测试呢？为什么不呢？

昫昫 1 岁，我开始尝试让他拼拼图。2 岁的时候，开始让他尝试使用博士工作台。那个工作台的用户手册上，建议的使用年龄是 4～6 岁。昫昫 3 岁，我们俩在德国国王大道漫步。路过一家星巴克咖啡厅，就一起走进去在里面坐了两小时。

<　　　　　　　　　　详情　　　　　　●●●

 昫爸

在国王大道一家Starbucks的小桌子上，看着他一点点拼装完成了这款6-12岁的LEGO，留驻这个影像，敬知识 🍸

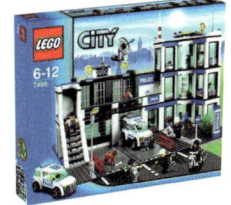

德国 · Düsseldorf · U Steinstraße/Königsallee

2018年11月15日 15:04　　删除　　　　●●

▲ 3 岁的昫昫在德国拼装完成 6~12 岁儿童玩的乐高

我点一杯咖啡，一边喝着，一边看昫昫拼完了一款建议 6～12 岁孩子玩的 LEGO。陪我一起看的还有旁边桌子的一位德国女士，还拿手机拍昫昫。等昫昫拼完，那位女士朝我这边竖起大拇指，龇牙笑着。我也龇牙回应了一下。

我说的以上这些，想表达的是什么意思呢？

婴儿的学习能力比我们想象的高很多

不知道大家是否知道格兰·多曼（Glenn Doman）博士。他开创了位于美国费城的人类潜能开发研究所（The Institutes for the Achievement of Human Potential），致力于儿童大脑潜能开发研究近 70 年！

这个研究所具体是做什么的呢？就是给"跑得慢

▲ 格兰·多曼博士，致力于儿童大脑潜能开发研究近 70 年

的车子装上超级发动机"。

有一个发育迟缓的孩子，5 岁时的语言能力仅和 1 岁的正常孩子相当。专家给出的治疗建议非常保守，父母无法接受。后来，在父母不可思议的坚持和努力之下，这个孩子 7 岁的时候，语言能力居然超过了 9 ～ 10 岁的孩子。

上面的故事是真实发生的，当时年轻的格兰·多曼博士被震撼了。20 世纪 60 年代初期，人类潜能开发研究所根据格兰·多曼博士的脑损伤儿童康复工作的经验，发明了对于健康儿童至关重要的大脑发育成长理论和训练方法。几十年来，研究所不断向世界展示，其实婴儿的学习能力比我们所想象的要高得多。

父母的陪伴是超级发动机

为什么是"超级发动机"？

一辆车子跑得很慢，已经比别的车子落下很多的路程了。如果想要让这辆跑得很慢的车子追上去，你说该怎么办呢？当然是给它装上一部超级发动机。

给"跑得慢的车子装上超级发动机"，那这个超级发动机到底是什么呢？

我们在这里给所有的父母一个答案："超级发动机"指的就是父母通过陪伴，对孩子形成的最有深度的了解。当我们足够了解孩子，孩子的成长将变得不可思议。

我对昫昫的了解，来自从他出生开始分分秒秒寸步不离的陪伴，陪他一起不断尝试着各种新鲜的事物：拼图、LEGO、物理电路玩具、化学、生物学小实验，等等。我对他的了解已经不亚于他对我的了解了。

孩子出生后最多3年内，将变成对父母了如指掌的专家，而我们对于孩子的了解可能和我们对于地心的了解差不多。

当有了这样一个新鲜的事物——超常儿童测评，为什么不带昫昫去试试看呢？

但我内心很清楚："任何科学数据都比不过父母的心。"

很多人对"鸡娃""鸡妈鸡爸"颇有微词，我就事论事，谈谈以下观点。

鸡者自鸡！真鸡者，精准地拿捏着带娃路上的每一处分寸，绝不焦虑，也绝不把焦虑带到家庭，因为"称王"才是他们的目标。

真鸡者，孩子智力测试显示超过99%，也会云淡风轻地聚焦下一处"太平"。真鸡者，无害，普通父母也没有必要追赶。

　　带娃启蒙路上，凡焦虑者必不能胜。焦虑是大敌！轻巧带娃，快乐陪伴，孩子一定能够被培养得好好的。教育的本质是，培养德智体美劳全面发展的爱家人、爱国家、爱社会、爱伙伴的人格健全的孩子。在另一个维度，鸡者自鸡，互不干涉。

　　中国科学院心理研究所超常儿童研究中心成立于 1994 年，前身为"中国科学院心理研究所超常儿童心理发展与促进课题组"。1978 年，在国家有关部门和中国科学院的支持下，超常儿童研究中心在中国科学院心理研究所正式成立。

▲ 中国科学院心理研究所

对于孩子，学习就是玩

我不盲信文献，我信实践。

昀昀的学习能力快速衰减是事实。他才 5 岁多，但和 3 岁之前相比，他的学习和理解世界的方式更加固化，看起来学什么都快。但我清楚地感受到，他不再具备 3 岁前所具备的语言和认知的"天赋"了，或者这种天赋在快速地消失。

大脑中大约 100 亿个神经元等待着各种外界的刺激，然后相互联结形成突触。突触发生越密集，大脑就会越聪明。而与认知能力密切相关的几个主要部分的突触产生，都在 3 岁前达到高潮，然后开始降低产生速度，直到停止。

"学习"是更高级的玩

蒙台梭利教育法的创始人蒙台梭利说，出生不久的孩子，即便在最小量的语言环境之下，也可以自己学会这门语言。

所以，我和昀昀的周阅读时间控制在 30 小时。这里也说一下，当释放了孩子的阅读欲望，我也同意格林·多曼所说："和吃饭相比，孩子更爱学习，和玩相比，孩子更爱学习。应该这样说，对于孩子，学习就是玩。"

▲ 对于孩子，学习就是玩

这里，格林·多曼强调的是：对于孩子，"学习"其实是阅读世界的方式，这种方式可以高级，也可以低级。

比如，阅读书籍和玩手机游戏，两种都是阅读世界。如果启蒙引导得当，这两种方式对于孩子没有区别，孩子都会一门心思钻进去。你说，阅读书籍和玩手机游戏，哪个更高级？哪个更低级？

陪伴能让我们看到更远方

昫昫就是这样，一门心思钻进了阅读书籍之中。如果不加以控制，他一天可以从早读到晚，这肯定不行。所以，对于昫昫的教育启蒙，我在阅读单项上，把时间控制在 30 小时 / 周。如果加上其他语言练习的时间，总的陪伴时间超过40 小时。但读者不要拿我的数据和自己的育儿启蒙做比较。

对于初学者，可以从每天 15 分钟的阅读陪伴开始。后面该如何发展，要看父母的育儿启蒙理念，以及对孩子的了解程度、心理和生理的了解程度，这很关键。

我的故事，我和昫昫的故事，听一听即可。知道有一位父亲，因为阅读了大量语言学、儿童心理学的书籍文献，在陪伴孩子的路上，是如此看待和看重孩子 6 岁之前的时间。我说说，你们听听即可。写书，要实事求是。

对于我们的读者，还需要注意很重要的一点，就是护眼。孩子阅读书籍属于近距离用眼，而近距离用眼时间过长会诱发近视。所以，每隔 15 分钟，就让孩子停下来远眺，让眼睛休息一下。

▲ 当孩子专注于阅读，家长一定要注意孩子的视力保护

我认真书写我的故事，其中一个原因就是，希望越来越多的人认识到陪伴启蒙的重要，品出个中滋味，掌握细节要领，成为自己孩子的专属育儿专家。但这很难。

所以，我们有了昀爸读书会。我前面对"鸡妈""鸡爸"的理解，是我对这样的很小众人群的钦佩。按我的理解，他们很像健身界参加顶级健美比赛的高高手，他们绝对知道育儿带娃每一处的精巧细节所在，精准、优雅。

我希望，昀爸读书会里涌现很多很多的高手，和高高手，大家一起分享对育儿书籍的阅读感受，互相推荐书籍。当然，作为一名作者，也很希望大家在推荐书的时候，也推荐一下我的书，感激不尽。

除了一起读书，我们也可以分享孩子阅读书籍的经验，育儿路上遇到的困难，对于教育政策的理解，对于孩子未来的教育规划，方方面面，互助、共筑。

▲ 2019 年昀爸读书会首期线下见面会

昀爸读书会，To read is to lead。我们希望这里能够成为牛妈牛爸的聚集地。什么是牛妈牛爸？就是挤出所有时间陪伴孩子成长的父母，心心念的事情，必将优雅，从容。

陪伴里每一分钟的快乐，都能让我们看到更远方。

孩子出生后，有两件大事要做

　　作为昀昀的父亲，我只是他一个人的专属育儿专家。别的孩子喜欢吃什么、喜欢喝什么、有什么生活习惯，我不得而知，或者说不可能知道得如他们的父母一般详细。

　　所以，即便我随行了 1000 多个家庭的英语启蒙，但也是在摸索和求证我的方法正确与否，以及发现更多的实用数据，反向提升、优化教学方法和教学行为逻辑。

育儿是一门艺术

　　育儿是一门艺术，而不是技术。就像黄铁鹰老师写的《海底捞你学不会》，书名所言，其实是一个逻辑悖论。看完全书，你会发现，黄铁鹰老师其实是跟读者开了一个小小的玩笑，因为一旦你说你学会了海底捞，那就证明你并没有看懂海底捞的模式是艺术而非技术，艺术不可复制。

看懂了，回头再看题目，则会心一笑。

育儿就是如此，读昀爸，你会知道陪伴很重要；知道3岁前要尽可能多地给予孩子大脑五感刺激，让孩子大脑中的神经元形成更多的突触，从而让孩子更聪明；知道提升孩子的语言处理速度很重要，未来孩子读书就快；知道亲密的亲子关系很重要。

孩子出生后有两件大事：

一是找到他们自己在家庭中的位置；

二是学习这个世界。

如果父母学会了和孩子平等对话，亲子关系密切，孩子很快就能找到在家庭中的位置，那就有更多精力来学习这个世界。这些方向性的内容，父母是可以很快掌握的，但具体该怎么做，怎样形成自己家庭中良好的亲子环境氛围，培养出"贵子"，那就看读者父母的手艺了，这是一门艺术。

有一天中午，昀妈微信告诉我，Jennifer 的音乐教室暑假集训开始报名了。这是一间专门教小年龄段孩子的音乐教室。这不是打广告，因为这家音乐教室非常小众，仅在北京为数不多的 2～3 个社区，有几间教室而已。即便打广告，外地家长或者非社区内家长也无从下手。

结识 Jennifer，是在 2020 年 4—5 月间，她一直在澳大利亚。Jennifer 在业界是小有名气的钢琴教师，她的师兄据说是汪峰，音乐圈子里很多人都认识她。她和我很像，都是在创业，理念也很像，根据用户需求提供服务。

怎么说呢？她公司旗下的教师，很少量是音乐学院的高级别钢琴教师，因为高级别的教师并不一定具备教小龄孩子的经验和耐心；而有很好的钢琴基本功的幼师毕业的，或者幼儿园转行出来的年轻老师，她们更懂得如何和孩子相处，更有耐心和韧性。

小龄孩子初学钢琴，最重要的是识五线谱，掌握手型和指法，但前提是得能坐得住。这方面昀昀本来就没问题，再加上耐心细致、懂得哄孩子的年轻老师，昀昀的钢琴起步非常顺利。

控笔训练不建议

"控笔训练"这类产品，我虽然很早就知道，但最近从一家合作伙伴的产品名目中发现，还是很震惊。我不代表科学，当然不能，我只是作为我的孩子的专属育儿专家，不喜欢那么"重"的违背孩子自然成长的产品。再次重申，我的观点不代表科学！

作为教练级别的贴身育儿专家，我的判断是：如果只是一根辅助孩子握笔的铅笔，我觉得就挺好，至于孩子是否爱写字，随他。

5 岁之前，我没有让昫昫练过字。他很早就执笔画画了，随他喜欢，一次画 5 分钟，还是一次画一小时，随他。写字更是如此，如果孩子不喜欢，随他。但长时间地端正握笔姿势，我不建议，也绝对不会尝试。

▲ 昫昫在自由涂鸦

阅读姿势与用眼

　　从昫昫出生开始，我没有一次允许他以不正确的姿势阅读。阅读的姿势就是要坐正，不能东倒西歪，或者在我的怀里，或者在他的小书桌前。

　　我并没有像有些家长那样，给孩子买一台自动感应的台灯，我给昫昫用的都是几十元到 100 多元的台灯，够用即可。4 岁多时，给他换了一台好一点的，可以手动调节亮度的台灯。我对于台灯的认识是：它是用来补光的，周围环境光加上台灯，打出均匀的光环境。

　　图中这台高级的手动调光的台灯，让我起初挠头了一阵，因为几次回家发现，妈妈把亮度调整得太亮了。所以，我花了差不多一个礼拜的时间，在那台台灯下看书，找出了一个比较舒服的亮度，用笔在调光的地方画上了一条线。

　　孩子的书，我先看一段，有些铜版纸印制的绘本，反光很厉害，我看得不舒服，就不让这类书出现在台灯下；白天在自然光下再让孩子看。

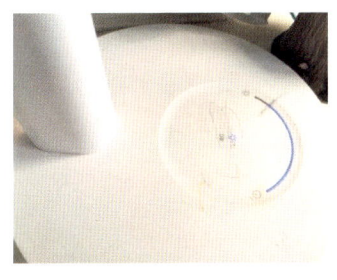

▲ 昫昫阅读用的台灯，昫爸自己先试出了一个舒适的亮度，并用笔做了标记

　　护眼，需要注意的细节太多，但可用一句话概括出关

键要点：用自己的眼睛先帮孩子试看。

很早以前，听一家机构说，幻灯机对孩子眼睛的伤害很小很小，几乎可以忽略不计。于是，昀昀不到 2 岁时，我就买回家一台，兴高采烈地准备和昀妈一起带着昀昀看一些探索频道（DISCOVERY）的纪录片。不到 3 分钟，我和昀妈同时发觉眼睛不舒服。

我近视大约 700 度，昀妈眼睛很好。昀昀是否有近视的遗传基因，我不得而知。我陪伴他的日子里，我们一起阅读、一起户外运动、一起眺望远方；而有些远方，只有知识才能到达。

昀昀 6 岁前，我用我的眼睛、我的感觉、我的"妈妈心"和昀昀的眼睛同频，宇宙浩瀚、天空海洋。任何科学数据都比不过父母的心。

2020 年 12 月初，我的同事朱涛老师一行人驱车来到我家，拉走了昀昀的钢琴。

这台电钢琴是昀昀 2 岁多的时候，为了培养他对钢琴的兴趣买回家的。因为不确定未来他是不是真的要学习弹钢琴，所以就买了便宜一点的电钢琴。

在 Jennifer 的音乐教室学习了大概半年，发现昀昀非常喜欢弹琴，和当初的阅读启蒙差不多，也进入"不给弹琴就哭"的阶段。

此时，老师提出了一个实际问题：电钢琴按键比较轻，不需要用力，但真钢琴按键比较重，孩子弹惯了电钢琴，以后再弹真钢琴就会手指力气不够，弹不动，弹不出声音。如果要继续练下去，就必须买真的钢琴了。

2020 年 11 月底，我和朱涛老师说，我家这台电钢琴，未来虽然不能让你家宝贝用来进行系统的钢琴学习，但可以像昀昀一样在初期练一阵子。可以先摆在家里，培养孩子对钢琴、对音乐的喜爱。

昀昀早已能熟练识别五线谱了，进步的速度比同期甚至比早几期的孩子都要快。那么早弹琴，对孩子的手指发育是否有伤害呢？

昀昀 2 岁多，买那台电钢琴时，我曾经花了很长时间研究国内外各类报道、文献，甚至是公号上的软文。现在，我的答案是，绝对不会有任何问题，因为他弹琴的每时每刻，我的眼睛和我的心都在他的指尖上，随着音符，深刻而自信。

让孩子拥有一个有力的阅读帮手

2019 年的一天，朱涛老师坐在我对面，我问他：

"公开课讲得怎么样？遇到什么问题了吗？"

他有点气愤地说：

"我们有那么好的技术，可是有些咨询我们的人，认为我们就是带孩子拿个点读笔在那里点、点、点，甚至有人把我们归纳为点读派。"

两年之后，时间到了 2021 年，朱涛老师在我们近 300 平方米的昀爸直播间里，专心录制着"点读派"的讲解，细致地给读者讲解如何使用点读笔。

仅靠点读笔很难成全

书买回家不是结束，而是一个美好旅程的刚刚开始！为此，我们要从两方面着手努力：

一方面，我们要让孩子拿到他们喜欢的书，而不是家长认为好而孩子不喜欢的书；而且书要适合孩子当时的阅读水平。

如果买的书对于孩子而言过于简单，那就是很可惜的浪费；如果买的书过于难，当然可以放到后面，等孩子阅读水平提升时阅读。但是，如果每次的选书都不合适，那就会对孩子的阅读节奏和阅读习惯产生负面影响。

另一方面，我们要让孩子有一个有力的阅读帮手。

父母当然可以给孩子读书，但经常会受限于两个问题：一是时间。繁忙的每一天里，家长能抽出来给孩子的时间有限；二是阅读能力。拿漫画版《史记》来说，很多父母阅读起来是吃力的，因为里面大量的人名是生僻字。

比如：

1. 蚩（chī）尤：传说东方九黎族首领，在与黄帝大战于涿鹿之野时被俘。

2. 颛顼（zhuān xū）：上古五帝之一，是黄帝的孙子。

3. 帝喾（kù）：上古五帝之一，是黄帝的曾孙。

4. 鲧（gǔn）：是大禹的父亲，因治水失败而被杀。

这还仅仅是中文的绘本，如果是英文绘本的话，可能更多家长没有能力给孩子阅读。所以，"点读派"就成为刚性需求。

我经常怀抱昀昀看他读书，同时处理手头紧急的工作。当然，更多时候，是等昀昀晚上熟睡以后，我再继续工作。但无论如何，这给很多繁忙的父母提供了一种相当的便利，就是让孩子在怀里阅读的同时，也可以处理自己的事情。

是不是靠拿着点读笔"点点点"，孩子就可以很好地阅读绘本书籍，还能养成很好的阅读习惯了呢？这个问题可以用健身来打比方。

在我们向全国推广书籍的过程中，会遇到个别的高手妈妈。她们也许不会英语，但拿着我的两本教材《昀爸亲子英文早教：0～3岁宝宝英语启蒙》和《昀爸英语：0～6岁儿童英语学习全指导》，再拿上一支点读笔，从昀爸商城选购足量足质的绘本，就足以站上"专业的健美比赛舞台"。

▲ 这两套书均为昀爸的专著

　　这些妈妈不需要教练指导，因为她们极为刻苦，有育儿天赋，之前阅读过大量育儿书籍，一点就通。

　　当然，这样的妈妈是极少数的。绝大多数妈妈，一旦走上专业的育儿启蒙之路，就会发现，仅凭"点点点"是绝无可能教出双语牛娃的。孩子也绝不可能由此热爱上阅读。如果没有我们的视频分享，没有教练客服后续的指导服务，没有我们团队精心打造的小组共读氛围，没有读书会妈妈间的分享和打气，很难成功。

　　2006 年 8 月底，在北京国际图书博览会上，一本《汉语900 句》成为海外出版商关注的焦点，产生轰动效应，因为这本教材配套了一支会说话的点读笔。背后还有一个小故事：当时《汉语900 句》这本点读书是用了一周时间赶工制作出来的。而现在，十几种语言的《汉语900 句》全都配上了点读笔。

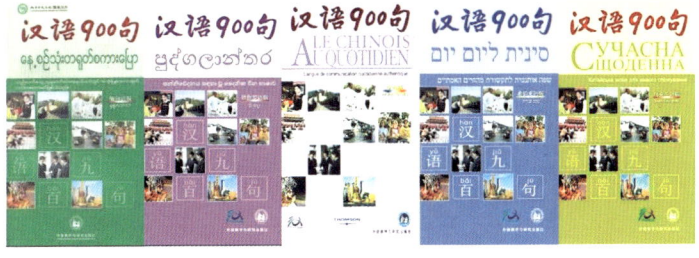

缅甸语版　　僧伽罗语版　　法语版　　希伯来语版　　乌克兰语版

据我们调研所知，点读笔的利润微薄，很多传统点读研发企业都把重心转移到了绘本书籍上面，因为书的利润和消耗量相乘得到的数据很客观。当然，我们一定不要忘记，真正的获益者应该是用户。

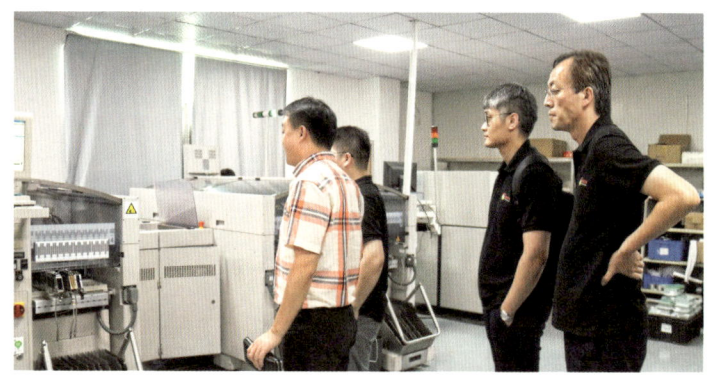

▲ 昀爸团队深入点读笔生产工厂调研

我和《人民日报·国家人文历史》的老师第一次见面时，对方问我，接下来双方准备合作的项目——人文历史方面的项目，是准备给谁听的？我肯定地回答，是给孩子们听的。

在这一点上，我们马上达成了共识。这位老师的孩子7岁了，他每晚被孩子拉着听语言知识类的栏目。当时我有一个很强烈的感受，他一定是一位好父亲。

对0～6岁孩子的语言类产品，直接用户是孩子，而付费购买的是家长。这就存在一个商业良心和用户之间的平衡问题。点读笔也是，绘本书籍也是，应该一直清楚受益者，最终一定是孩子。基于这一点，那无论做什么，心里都要有把尺子，要有度。

绘本读了一段时间，孩子的语言基础已经打下了，接下来就一定要向着纯文字的真书迈进。不能因为看到孩子喜欢，就无节制地购买绘本，凡事都要有度。

阅读能力和学习成绩正相关

很多父母家长对孩子学习的关心，大都放在孩子在学校的学习成绩上。

但过去十几年，教培行业、父母家长可能都把这件事情搞"反了"。应该是，成绩越差的学生，越不应该再补习了，而是要增加阅读的时间，让成绩差的孩子多阅读，大量阅读，才有希望成功。

因为有研究发现：阅读能力和学习成绩正相关。或者可以通俗地讲：阅读能力强，学习成绩好；阅读能力差，学习成绩差。

斯蒂芬·克拉申（Stephen D.Krashen）在《阅读的力量》一书中，这样描述传统教学和学习成绩的关系：

传统的教授方式（反复练习 drills and exercises）只是在不断考试而已。这种测验方式，能够让在书香环境中成长的幸运的孩子顺利通过，而那些不幸生长在图书资源不足的环境中的孩子则会失败。

传统的教学方式——直接教学（与培训班方式相同），对孩子学习成绩的提升作用不大，也并不能持久。即便短期成绩出现提升，也会很快消失。

最有效的，并且可以持久地提升孩子学习成绩的方式，是提高孩子的阅读能力。但在学校，阅读能力差的孩子，因为成绩不佳，被要求写更多的测验、作业和练习；甚至被父母拉出去补习，阅读的时间进一步减少。

而阅读能力强的孩子，被允许有更多的自由阅读时间。

如此，阅读能力差的孩子和阅读能力强的孩子，成绩被进一步拉开。

阅读能力和学习成绩呈现"正相关"。提高孩子的阅读能力，可以有力地提升孩子的学习成绩。

在《阅读的力量》一书中介绍说，语言学家 Ravitch 和

Finn 在 1987 年研究发现：居住环境能接触到很多出版物的孩子，在历史和语文（实验中对应的是英语，研究发现，该结论同样试用于中文）的测验上表现较好；阅读量和语文测验结果正相关。

▲ 家长要创造条件，让孩子的居住环境能更多地接触出版物

所以，总结一下：家里书多，孩子阅读量大，是孩子阅读能力强的要件。

那么，父母应该怎么做呢？

环境有书；

书要被爱；

初期，孩子阅读，家长要陪伴；

孩子自由自主阅读（FVR），父母不要有功利期待，不要考试考察，不要纠错，不要教授。要轻松无压，快乐和谐；

孩子热爱阅读，持续阅读，学会阅读，学习无忧。

孩子天生爱阅读

因为大量的自由自主阅读，昀昀收获了他人生最大的财富：热爱阅读。

种草，网络流行语，本义为一种人工养殖草的方式；在网络上，种草表示分享推荐某一商品的优秀品质，以激发他人购买欲望，或根据外界信息，对某事物产生体验或欲望的过程；也表示把一种事物分享推荐给另一个人，让另一个人喜欢这样事物的，类似网络用语"安利"的用法；还表示一件事物让自己从心里由衷地喜欢。

6：05昀昀准时起床，10分钟之内自己完成换衣服、洗漱、便便等工作。昀昀去幼儿园吃早餐，但在6：20左右会坐在餐桌前，边读书，边陪我吃早餐。

有时我们会有这样的对话：

"昀昀，昨晚睡得好吗？"

"睡得挺好的。Daddy，咱们一会儿送我去幼儿园的路上再聊天好吗？我早上要把这本书读完。"

早上的时光，我们能听到鱼缸的水流声，钟表秒针的滴答声，昀妈放下口红轻击桌面的声音，餐盘和餐具偶尔发出的碰撞，冲泡完咖啡，咖啡机自动关机的咔嗒声。

写到这里，落笔时，昀昀5岁8个月，极其热爱阅读。

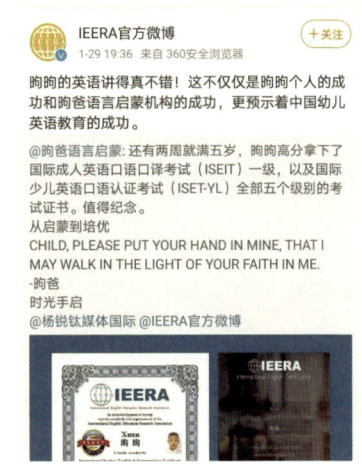

▲ 不到5周岁，昀昀高分拿下了国际成人英语口语口译考试（ISEIT）一级

我不知道，这样算不算是给我的一些读者心里种草了。读完上面一段，您是否希望自己的孩子也是如此。果真如此，那轻巧带娃、优雅生活就在眼前。

怎么做到呢？

需要先了解一个故事：龟兔赛跑。

龟兔赛跑故事里，乌龟是英雄，而兔子过于自信自负，明明比乌龟跑得快许多，却在领先的时候，停下来休息睡一会儿。乌龟虽然比兔子慢许多，但贵在持之以恒，不停地爬，不停地爬，最终在兔子熟睡的时候，爬过了终点线。等兔子醒来，悔之晚矣。

这个故事里，乌龟和兔子拥有两种不同的节奏，一个缓慢持续；一个快速，但走走停停。在孩子的阅读成长里，这两种节奏都需要，都是必须。

要给孩子足够的时间和空间延展

3 岁前，孩子喜欢的事情，如果不给他足够的时间和空间延展，那他／她很快会忘掉。

比如，他很喜欢门口的滑梯，跟妈妈说，每天我都要去玩。然后某一周或者两周里，因为什么事情，没有再去；同时，平时去玩滑梯的那个时间里，总是给孩子另外一个玩的事情，比如总有新的绘本拿给他。几个月后的某一天，你们开车路过那个滑梯的时候，孩子会说："妈妈，我们好久都没有去玩那个滑梯了。"

当然，因为个体差异，有的孩子会在一段时间里一直记得并催促你去玩滑梯，但也可以忘记他们曾经很喜欢的一件事情，这需要予以关注。

还有，更需要关注的是，孩子出生之后的几年里，学习的能力太强了。学会一口字正腔圆的脏话，学会一套"不爱学习"的学习方式，学会玩手机、学会 iPad、学会冷漠、学会攻击、学会与世界为敌。我每一天都在思考：该如何把世界展现给孩子，让他来学习呢？他学得太快了……

落到孩子的阅读培养上来，要给他 / 她足够的时间和空间来延展。空间的延展就是要有足够的空间让孩子阅读。其实，地方并不需要太大，有充足适度的光线，父亲或母亲可以坐下来怀抱孩子阅读绘本即可。详情可参考本书家庭亲子阅读——"教室原则"部分。

▲ 在家庭的某个角落充足的光线下，这样的阅读场景，会成为伴随孩子一生的美好回忆

而时间的延展，就比较复杂。

我一直强调，只有父母才是孩子的专属育儿专家。所以，父母要在陪伴孩子阅读的时候，结合对孩子的了解，结合定期的眼科检查排查，不断"挑战极限"。因为如果每天只带孩子阅读 15 分钟，或者只允许孩子阅读 15 分钟，是不可能培养优秀的阅读习惯的，或者对孩子很不容易培养起来的阅读习惯产生非常大的负面影响，很可能造成孩子一生都不再那么喜欢阅读。

平衡好快慢节奏

孩子天生爱阅读，这是不争的事实。我们读书会会员的孩子的真实情况，都印证了这一点。

4～5 岁的孩子，凌晨 1 点去卫生间，等了半天还没回到床上。父母赶快过去，发现孩子打开台灯，正伏案阅读呢。

我们会员的很多孩子，晚上睡前还在哭闹着要看更多的书。因为对于孩子，读书就是玩，非常高级的玩。同时，这种"高级的玩"又和玩 iPad、玩手机不同，一旦在最佳的培养阶段，在孩子渴望阅读的时候，家长主观地予以不恰当的干扰，未来再想培养阅读习惯，就很难了。

兔子跑得快，之后当然可以休息一下。如果从孩子 5 个月开始培养怀抱坐立式绘本阅读习惯，到孩子 6 岁，这段时间就是龟兔赛跑的全程。像乌龟一样地持续坚持，就是必需的节奏。同时，孩子和妈妈都需要休息，这是兔子该出现的地方。

聚焦一处，通过中短期的大量绘本阅读，完全释放孩子对于阅读渴求的欲望。一旦我们学会骑自行车了，即便很长一段时间不骑车，再骑的时候，虽然车技不娴熟，但还是可以掌握好平衡的。所以，"平衡"好每一段路的快慢节奏非常重要。

当父母确定孩子已经培养了很好的阅读习惯，不给书就会大哭，那就可以休息一下，增加一些户外运动，去郊游，去远方。

▲ 阅读习惯培养好，就可以带孩子多去接触外面的世界

听啥 听啥 听啥

在我们的《早教三人行》录制现场，《人民日报·国家人文历史》的一位老师提到了京剧，说他到了三十几岁时，突然就想听京剧，也就是突然喜欢上了京剧。因为当时没有深究，我不能武断猜测，就谈谈自己的经历吧。

我也是差不多 35 岁的时候，突然特别想听京剧。那段时间，突然想起了很小的时候，四五岁，住在天津的老宅，爷爷、奶奶常听京剧。那个记忆，加上随着年龄增长的经历，我开始享受听京剧、听评弹时的愉悦。虽然不知道该听个啥，怎么听，但就是很想听。

那听的意义是什么呢？

听为上

在我的语言启蒙方法论里，有这样一首打油诗：

听为上、看在先，

先识后理、坐中间；

读书万卷一二载，

静默有度用必然。

什么意思呢？

就是说，孩子出生之后的语言学习顺序，"听"是最为重要的关键点，并且要听清，听懂。

在我们的身体上，眼睛的位置在耳朵的前面。有研究发现，人的大脑摄入的信息，有80%来自看；认知的顺序，是先认识，然后才是知道，理解，所以是"先识后理"。这一点，对于单词的快速学习至关重要。

坐中间，其实还有一个"枢纽"的意思。如果孩子坐不住，家长坐不下来，不能很好地陪伴，那启蒙成功不了。很多人都认为，孩子的学习需要家长督促，但如果到了非要督促不可，那启蒙的意义何在？

孩子的学习一定可以靠孩子自己，热爱阅读，1万册绘本1～2年就能读完。如果真的做到如此这般，那孩子的语言输出，就一定是自然而然的事情。家长要知道"静默期"的概念，也要知道，孩子度过了静默期，都有可能成为小小演说家。

▲ 昀爸为昀昀阅读的中文小说一览

"磨耳朵"这个提法，我一直以来都是不认同的，就不多说了。

孩子听语言，一定得能听懂，这是最基本的前提。

听懂包含了两个基本点：

第一，能听清楚内容，每一个汉字、每一个单词都要能听得清清楚楚，要能区分听到的不同汉字，或不同单词。如果连caterpillar和crispier都听不清楚，分辨不出哪个是哪个，又怎么能说听懂呢？

第二，在听清每一个汉字或每一个单词后，把听清的单词的意思弄清楚，由词成句，逐步理解。

听音素、听单词、听英文版小猪佩奇（Peppa Pig）、听海底小纵队（The Octonauts），再到听书虫（Book Worm），听更难一点的小说，像《奇迹男孩》（*Wonder*）、《驯龙高手》（*DRAGON RIDER*）等。如果孩子听这些内容时，当然小月龄以及最初几个月听音素的阶段除外，孩子会跟家长说"你们说话小点声，我都听不见了"，或者听了 1～2 小时，孩子嚷嚷着还要听，那就说明孩子听懂了，听进去了，爱听，听为上，才有了意义。

教育不能没有对错

2019 年，我遇到了一位教育大咖，对方说："教育没有对错。"

这句话，看怎么理解吧，我确实无法理解。教育怎么可能没有对错？怎么可能不讲对错？除非你根本就不懂得爱孩子。

我们的教育一定是要对的啊！这是我在晚上做梦的时候，都在呼喊的。

孩子入学前所有的投入，都仿佛是和未来的一场对赌。直到昀昀 5 岁多，我才确定，我赌赢了。因为，最近我总被昀昀拉到书桌前看他写作业，仿佛在向我显示他的 CPU 有多快。

那种感觉太美好了，硬件加软件，加人文，加逻辑，孩子眼中语言学的真相，真的美。原来陪孩子写作业，可以那么美好。如果你不了解孩子，You ask them to learn more, then you lose more.

比起快餐，我更喜欢小桥流水。一辈子只看一本书，只赏一片云。桂花开的时候，空气中飘香清甜。小时候很喜欢数蚂蚁，一数半天就过去了。京剧、评弹，也都是似水年华、小桥流水间，穿过巷道，一耳一声，一生一句。

我最喜欢记忆里那个阳台上，我和昀昀窝在围栏里，数他的脚豆。几小时就那么过了，高压锅炖着羊肉的香味弥散开来。快慢结合的道理里，是有的时候不得不快，而那些被浪费掉了的"慢时间"，却是我一生中最优雅的华彩。

我喜欢周末花几小时，反复看《罗马假日》和《卡萨布兰卡》。我每天拉着昀昀在公园闲逛，因为有了闲逛的资本。这个资本就是我不再焦虑，不再惧怕未来。即便昀昀进入小学，我也不再担心他的学习，就如《早教三人行》中《人民日报·国家人文历史》的一位老师所言："人文为底，孩子心智健全，未来注定美好。"功利一点看呢，他能以最快的速度完成作业，那每天下学我们闲逛一下，应该能达成所愿。

我生活里的每一天，昀昀这句"Daddy，我接下来干什么呢"，被细分成了"Daddy，我接下来听什么呢"，这句话几乎每晚都出现在我的梦里。我有时候会凌晨爬起来，打开电脑或者手机，游走各个平台，图书馆，网站，找素材，找分级，找线索。

听啥？听啥？听啥？

这里，我举一个孩子饿了的例子，来对比用电子设备学习和通过阅读书籍来学习的不同。

孩子饿了的时候，可以给他汉堡，可以给他牛排，也可以给他好吃的中餐。相应地，后续的结果也会不同。

▲ 由前央视著名主持人杨锐（中）主持的《人文历史专题》录制现场

当孩子想听内容素材的时候，你可以置若罔闻，也可以随便丢给他一个手机 iPad；或者，不假思索地让他听 Peppa Pig。但未来的声音，只有在每天细碎的陪伴中，才能听到，而且会越听越清楚。

家庭培养神童的禁忌

"你在忙活啥呢？"这是一个悲惨故事的开端。

我这几年的体会和观察是，越"拼命忙活孩子的父母"，就是带孩子报各种班、学各种习的父母，最后都很低概率得偿所愿。如果你问我该给孩子报什么班，我的回答是什么班都不要报。轻巧带娃，甜蜜人生。

我在过去 5 年多、接近 6 年的育儿陪伴启蒙路上，越来越深刻地发现，孩子的语言启蒙和儿童心理学密切相关。

家庭对育儿心理学的需求意识，应该是在孩子 2 岁的时候开始逐步建立的。因为 2 岁之前，家长的错觉是：孩子很好管。也许孩子总是爱哭，睡眠不定时，各种"调皮捣蛋"，但躺在婴儿床里的小小的他们，刚刚会坐起，刚刚会爬行，蹒跚学步，newborn，infant，toddler，2 岁前的各个时期里，父母还是能够感觉"掌控权"在自己手里。

一旦出现了"可怕的两岁 TERRIBLE TWO"，那接下来，就是无数父母育儿艰辛路途的痛苦开端。如果孩子一出生，家长就非常清楚育儿启蒙的两件大事：1. 寻找自己在家庭中的位置；2. 学习这个世界，那必将"轻巧带娃，甜蜜人生"。孩子孝顺父母，热爱学习，自学成才，是一定可以达成的。

▲ 二胎家庭也可以如此优雅带娃

前几天，我的一位老同学找我报名当会员。她是一所高校的教授，在正值评选副院长的时候，发现有宝宝了，高兴得一塌糊涂。她说当院长太累，行政的活儿不好干。我听完只是觉得欣慰，像这么幽默而正直的教授还是有不少的。

这两年，我身边的教授找我报读书会会员的越来越多，其中包括我很多研究生同学。毕业之后，他们大多都攻读了博士学位，绝大部分都留在高校任教。这几年在我朋友圈的狂轰滥炸影响之下，我们读书会的教授也为数不少了。

当然，这是好的案例。还有不好的案例。我有一个很好的朋友，从小相识。他家庭阔绰，我在创业初期，就很努力想拉上他，用我的方法，亲子陪伴启蒙育儿。而且，他家里保姆多，还有私人厨师，太太是全职，想来应该不难。

我经常会问他："你在忙活啥呢？还不报我的会员呀？"但情况却始料未及。他听了我两年的宣讲，最终却决定给孩子报各种班，他说："你不是让很多普通家庭的孩子，比一年能花十几万的家庭的孩子培养得更优秀吗？那我倒要试试看。"

2019 年起，钢琴、古筝、琵琶、数学、英语、大语文等，他家孩子经常是在去各种培训班、补习班的路上，他们的家庭司机也被充分地调动了起来。最后的结果呢？初中一年级，家长被学校叫过去，说建议办理退学。而且说孩子心理可能出现了问题，建议去找专业的地方查一查。

三类父母

我简单地将父母归为三类：

第一类，"放养型"。

这是在我创业初期，做线下咨询和数据收集的关键时期，经常遇到的父母。他们都不认可早期启蒙，觉得那就是让孩子过早学习。有些父母会很坦率地直言：自己赚的钱够多了，不想让孩子受罪，就想让孩子每天在院子里玩，有老人和保姆陪着。

我的一位前女同事，甚至因此删除了我的微信。因为她老公和她大吵一架，认为她给孩子做早期启蒙，是虐待他们家的根儿。前同事在向我哭诉过一次之后，就永远地消失了。

第二类，"饲养型"。

其实，"饲养型"就是我这个类型。会结合孩子成长的需求，全力学习科学启蒙育儿方式，陪伴孩子一起成长。现在我们的会员，很多都应该是这样的类型。

第三类，"填鸭型"。

他们也曾很棒，因为他们也发现孩子在出生之后，快速学习的天性。但接下来发生的事情，违背天意。他们利用这样的阶段，拼命让孩子学习学科，过早刷题，自认为培养"天才儿童"，但最终酿成悲剧。

第一类父母，我想对他们说，孩子的成长规律，是他们饿了，家长一定要想方设法找到合理膳食，把最有营养、最适合孩子成长的食物放到孩子面前。所以我说我是"饲养型"父母。

第一类"放养型"父母，面对孩子的成长，抱着无所谓的态度，好像说：他饿了，自己随便找吃的呗。美其名曰不想孩子辛苦，潜意识的心态其实就是"我不要操那份心"。那孩子饿了，就可能吃厨房里的残羹剩饭，甚至扒着垃圾桶找食物。

当然，以上是我的一种比喻的说法，借孩子吃饭，比喻孩子早期启蒙阶段家长的态度和做法。

第三类父母，就是面对饿了的孩子，玩命给他们吃，所以，我称之为"填鸭型"父母，完全不顾及客观规律，恨不得眼前的孩子瞬间成为大人，长到一米八。

这当然不是夸张，这是真实发生的故事，13 岁、14 岁的孩子被家长送去读大学的故事。

中国科技大学的首届少年班，一共招收了 21 位学生。其中宁铂、干政和谢彦波，这 3 位学生备受关注，因为他们后来的发展令所有人大跌眼镜。

▲ 中国科技大学少年班曾备受关注

宁铂 13 岁时进了少年班，他本来是喜欢天文学的，很希望到南京大学去学天文，但是中国科技大学不放他走，让他留下来学物理。他后来报考了 3 次研究生，都因为各种原因退出。再后来，他练气功、吃素，最后在 2003 年遁入空门。2008 年，他还了俗，考取了心理咨询师证书，现在是国家二级心理咨询师。他认为目前自己的状态不错，可以做自己喜欢做的事。

谢彦波入学的时候才 11 岁，在国内学习时就与导师意见不合，发生矛盾。出国后，也和导师关系处理不好。虽然他的学业不错，但是他的情商明显不足，后来成了一名普通的教师。

干政也是到了国外与导师发生矛盾，难以协调，回国后又放弃了读中科大博士的机会，直接就业。但是他一直没有找到合适的工作，在巨大的反差下患上了精神疾病。

概括以上，其实就是：父母发现了孩子出生后与生俱来的学习天赋，开始"拔苗助长"。孩子快速学习，很快超过同龄孩子。父母不甘于孩子成为普通孩子，让自己手里的"天才"离开同龄孩子的社交环境，不断跳级。最后，在孩子心智尚未成熟，不懂得社会交际、人情世故的时候，把孩子扔到了大学里。

不要让孩子真的成为神童

"正确面对 0～6 岁的'神童阶段'，不要让孩子真的成为神童。"

我曾经做过几期"家庭育儿实用儿童心理学"的直播分享，记得当时第一讲主要讲的就是"普通家庭如何培养神童"。

▲ 昀爸的"家庭育儿实用儿童心理学"直播

孩子出生就是"神童"，他们以我们成人无法想象的速度和韧性，学习这个世界。父母一定要会启蒙培养，绝不能拔苗助长，更不能连根拔起。

父母一定要知道孩子出生后，随之而来的两件大事：一是孩子要找到在家庭中的位置；二是他们与生俱来的学习这个世界的本能和欲望。但是绝大多数父母，都没有做好第一件事情，大多以管束而非平等的方式，来调教孩子。

蒙特梭利曾经说过：We teach them by teaching, not by correcting. 用言传身教引导影响，而不要在读不懂孩子的时候草率妄断，鲁莽干预。

遗憾的是，多数时候，父母没有起到榜样的力量，也没有引导、教授孩子如何面对这个新鲜的世界，武断、蛮横、粗暴约束居多，这就让孩子很难找到他们在家庭中本应该有的"平等的家庭成员"的位置。相应地，孩子也就需要花更多的时间在"第一件事情"上，那他们用来学习世界的时间，也就是用在第二件大事情上的时间自然就少了。

相反，如果父母懂孩子，知道儿童心理学的一些必要知识，能够很快让孩子找到在家庭中的位置，或者更准确地说，在每一个阶段，当孩子树立"自我"的时候、在家庭中寻找平等位置的时候，家长都给予最合理的支持，那孩子就会有更多的时间学习这个世界。

6 岁之前，孩子的启蒙将决定他的智力水平。所谓五育融合、协调发展，不是写进某条教育大纲里和家长没有关系的官话套话，而是我育儿一路的深切体会和重大收获。

我们都希望孩子孝顺，对吗？孩子 4～5 岁就可以很孝顺了。

我的孩子昀昀，5 岁 8 个月，他会安排我的饮食起居，提醒我吃饭喝水、给我剥水果，记录我一天喝咖啡的次数，并予以约束。我扭扭脖子被他看到，他都会立马过来给我按摩。我给他读书，他看我热了，会给我扇扇子。吃饭前，他会帮忙铺桌子、端菜、拿碗筷。饭后收拾，刷碗擦地。会给我和妈妈、奶奶洗脚，会关心家人的健康冷暖。

五育：德智体美劳，如果还有父母觉得这是大话，那我的第一个问题还是：你希望孩子孝顺你吗？

何谓五育融合？我的理解，在我的直播里曾这样分享过：

关于德育，上面已经讲过了，接下来，智：你希望孩子以后考清华、北大，报效祖国吗？

体：野蛮其体魄。很多名校都很重视体育。《怎样阅读》(How to Read a Book）的作者

▲ 家务活儿要让孩子从小就参与

Mortimer J. Adler 很有趣，因为游泳挂科，居然没有拿到哥伦比亚大学的学位。

美："美"不能脱离德、智、体的基础，除了美育教育，还有心灵，你希望孩子心地善良吗？

劳：你希望孩子长大完全不具备自理能力吗？你希望孩子听话吗？孩子找到家庭归属感，才能更好地阅读这个世界。

被"填鸭型"父母培养出来的不懂得人情世故，无法正常交际的孩子，心里可能都会有这么一句话："我的老板很听话。"这不是句笑话，而是真实存在的心理误区。孩子之所以会这么想，就是因为这曾经是家长的诉求。亲子关系里有些父母教给孩子："听话"是人际关系的基础，所以那些"天才少年"很多因为处理不好人际关系而陨落，因为他们在寻找"听话的博导""听话的领导""听话的朋友""听话的女友"。

如果父母懂得如何正确处理亲子关系，那教科书里"可怕的两岁"根本不会出现，孩子也会真的"很听话"，因为他们知道正确的家庭关系，知道人际交往、人情世故、孝道礼仪。大人不打不骂，平等对话，教导有方，孩子也会在心里无限爱着、尊重着他们的"父亲大人""母亲大人"。

我们到底要培养什么样的孩子呢？

我的回答一直如此：培养德智体美劳全面发展的爱家庭、爱国家、爱社会、爱同伴的人格健全的孩子。未来，他们将成为祖国发展所需要的栋梁。

▲ 昫昫 6 岁前的英文阅读水平，可扫码观看视频

孩子的未来怎么办

有一次，朱涛老师问我："以后孩子不考英语，这点我怎么看不明白呢？"

那条消息我之前大概看了，看的时候就很兴奋，于是回复说："这就是国家政策的高瞻远瞩，很棒的政策。我们作为百姓不揣测和分析国家政策。我们作为父母家长，看到这样的教育政策出台，思考看看，这对于我们的孩子们而言，是无关痛痒的事情。"

朱涛老师在孩子大概两个半月大时，就加入了昀爸读书会。大概一年多以后，他辞掉了国企的高薪工作，加入昀爸公司。他身上有着和我一样的"幼稚"，会为了一件有情怀的事情，一头扎进去。

我们的这种"幼稚"，在我看来，寿司之神的二郎和稻盛和夫身上也都有。他的宝贝比昀昀小 2 岁多。我回忆，在昀昀 3 岁的时候，如果出台这样的政策，我会心慌的吧？同时，还会有一丝遗憾：一份骄傲将无从释放，但那份骄傲并不重要，无关大局。

我的梦想实现了

熟悉我的昀爸会员会发现，我经常提起 *Dragon Rider* 这本书。从昀昀不到 3 岁，我就开始给他读这本书了。执着于它的原因，是我作为英语从业者的一个判断：孩子英语的好坏，需要按照英语母语国家的水平来做参照。

关于这本书，在电影《奇迹男孩》（*Wonder*）里面有一个桥段：小主人公 *Auggie* 的妈妈和一个学校的校长提到，6 岁的 *Auggie* 正在阅读 *Dragon Rider*，那个校长惊叹不已，不敢置信。可以看出，在美国作家笔下，用"6 岁读 *Dragon Rider*"来描述一个"天才少年"，从那时起，"孩子 6 岁能阅读 *Dragon Rider*"，成为我的一个梦想。

Wonder

作者：R. J. Palacio
出版社：Knopf Books for Young Readers
出版年：2012-2-14
页数：320
定价：USD 18.99
装帧：Library Binding
ISBN：9780375969027

豆瓣评分

8.9 ★★★★★
1753人评价

5星 ▇▇▇▇▇ 55.4%
4星 ▇▇▇▇ 36.5%
3星 ▇ 7.6%
2星 0.4%
1星 0.1%

  读过 评价：☆☆☆☆☆

✎ 写笔记 ✎ 写书评 ¥加入购书单 分享到 ▾

推荐

内容简介 ······

I won't describe what I look like. Whatever you're thinking, it's probably worse.

August Pullman was born with a facial deformity that, up until now, has prevented him from going to a mainstream school. Starting 5th grade at Beecher Prep, he wants nothing more than to be treated as an ordinary kid—but his new classmates can't get past Auggie's extraordinary face. WONDER , now a #1 New York Times bestseller and included on the Texas Bluebonnet Award master list, begins from Auggie's point of view, but soon switches to include his classmates, his sister, her boyfriend, and others. These perspectives converge in a portrait of one community's struggle with empathy, compassion, and acceptance.

"Wonder is the best kids' book of the year," said Emily Bazelon, senior editor at Slate.com and author of Sticks and Stones: Defeating the Culture of Bullying and Rediscovering the Power of Character and Empathy . In a world where bullying among young people is an epidemic, this is a refreshing new narrative full of heart and hope. R J. Palacio has called her debut novel "a meditation on kindness" —indeed, every reader will come away with a greater appreciation for the simple courage of friendship. Auggie is a hero to root for, a diamond in the rough who proves that

▲ 《奇迹男孩》的豆瓣评分

就这样期待了几年，在昫昫 5 岁 7 个月的时候，这个梦想居然实现了。

我眼里的英语和我们的母语是一样的，同样作为语言，用处是和人交流，能听懂语言承载的信息，能清晰准确流利地用语言表达自己，这是语言学习最为基本的基础了。在此之上，更好的是能用语言和世界交流。我作为一个读书人，我眼中的"和世界交流"，就是阅读，大量地阅读传承之作。

　　孩子能阅读中文的小说、著作、文献、典籍，能阅读英文的小说、著作、文献、典籍。孩子爱阅读，你拉他吃饭、喝水，甚至拉他玩，他动都不动，坚决一定要把手头的读完。那这两门语言，孩子就已经学好了。未来学校里学不学、考不考，其实都无所谓了。

　　作为父母，我自然希望他的优秀将来能被这两门学科的老师看到，但如果一份骄傲终将无从释放，说明那份骄傲并不重要，无关大局。未来在学校，英语，考与不考，学与不学，对我的家庭而言，都完全不再重要。

　　在某一期的《十三邀》中，许知远老师对话天下第一读书人唐诺。关于阅读，唐诺先生曾经说过下面一段话：

　　"书是全世界最划算得来的东西。因为，一个了不起的书写者、思维者，一生的时光，天才加上他那个工作，他可能只留下8本到10本书。你把这样的一个人的一生，最精华的东西都学到了，我不知道全世界有什么东西比这更便宜。"

▲ 天下第一读书人唐诺介绍

孩子拥有无限可能

你把孩子送到学校，他爱学习，学习是他自己的事情、他自己的事业。学校的知识足够系统，学校的教师足够专业。我们家长还担心什么呢？

我们只需要观察孩子的状态，他每天都渴望着上学，生怕什么原因，今天或者明天学校停课一天。他回家以超过其他同学一倍甚至几倍的速度，做完那点再简单不过的功课，然后开始自己的课外阅读。未来的考试考学，那不就是最轻松自在的一份经历而已吗？把孩子送到学校以后，咱们父母顾好孩子的饮食起居，偶尔带孩子游玩游历。轻快带娃，甜蜜人生。

你说这不可能？我说这无限可能。

至于学校，从孩子出生，我就抱着坚定的信念，绝不允许他出国留学。中国有优秀的学校，不需要出国。除非是带着明确的目标，要学一个专业、一项技术，要跟随一位导师，为了一个明确的重要的不得已的目标，比如，为了国家建设需要，那就可以考虑出国留学。

但，我总觉得我的家庭实在普通，我是个无比平常普通的父亲，我也从不期待昀昀能有多大成就，能为祖国建设添一砖一瓦，足矣。做个平常百姓，快乐健康，在岗位上兢兢业业，恪尽职守，足矣。

综上所述，如无意外，我们就安心舒服地在自己家门口的学校读书，足矣。

昀昀做一名普普通通的小学生、初中生、高中生，我做一名普普通通小学生、初中生、高中生的父亲。等他中午走几步路回家吃午饭，我给他熬上一大锅绿豆汤。

作为一个普通的读书人，我半生学习英语，喜欢读英文原著。从频繁使用英语开始，我发现我的大脑运转比之前要灵活很多。但作为一个英语工作者，我讨厌出国，身体里每一个细胞都在抗拒登上飞机。4 年前，我和昀妈说："我真的腻了，真的不想再飞了。"

如果现在公司安排我去欧洲或者任何一个外国出差，我觉得，大概率，我会想出几十种理由拒绝！

▲ 昀爸带着昀昀在荷兰阿姆斯特丹

▲ 昀爸带着昀昀在德国大教堂

　　但任何时候，如果有人约我去故宫、颐和园遛个弯，我一定欣然接受，优哉游哉。去趟石景山公园，对我来说，就是最好的旅游。但"游欧洲"，坐飞机？出国？NO！出国的次数多了，我反而越来越不适应了。外国是别人家，外国人是陌生人，虽然语言相通，但文化隔了十万八千里。

　　有一次，一个在英语主持界比较知名的主持人问我："以后要不要送孩子出国留学？"

　　当时，我在心里想给他很多种答案：我讨厌出国。我哪有钱送孩子出国呀。中国那么多好的学校出国干吗？我可不舍得和孩子分开……最后，就变成了："我是昀爸呀，不能送他出国。"

都说"师夷长技以制夷"，但又有几个父母是目标清晰地送孩子出国的？或者真的是以报国爱家为目的，让孩子出国深造的？

孩子的未来咋办

孩子即将入学，那孩子未来的学习咋办？好办呀！交给学校就得了。这样的昀昀，我已经很放心交给学校了。他很孝顺，做家务、帮忙做饭，很疼爱奶奶、昀妈和我。他说："我好爱好爱这个家。"他很珍惜现在的生活。爱数独、爱拼图、爱阅读……

我现在更多的时候，是窝在家里阅读写作，胖了好多，昀昀每天都强拉硬拽地带我做各种体育运动。他经常拉着我喊口号："文明吾思想，野蛮吾体魄。心力体力合二为一，世上事未有不成。"

从出生开始，昀昀就特别爱画画，但是我并不专业，也在阅读和思考，如何辅助他在此方向得偿所愿。

又说远了。孩子未来的学习咋办？安心地把孩子交给学校。然后会发生什么呢？放心踏实了呗。老师可能会拉着我说：
"昫爸，您这孩子不爱学习呀！"可能吗？当然不可能！绝无
可能！在家校联合的过程中，我们也会身先士卒，做好表率。

从上幼儿园开始，我和昫妈已经充分体验了家校联合的
魅力。我们和老师充分配合，一起助力孩子成长。

在孩子入学之前，我们要充分准备好两件事情：

第一，读懂孩子，和孩子建立亲密的亲子关系；

第二，让孩子读懂语言，热爱阅读。

这样，孩子的未来一定无忧。

0～6岁，我建议家长（特别是父母）：

① 不要试图回答孩子所有的问题。

你什么都知道答案，那孩子还读书干吗？孩子就不需要
从阅读中找世界的答案了，和父母聊天就得了。

作为父母，我们要智慧人生，要明白：正是因为人类的
些许无知，才会探索世界，才会在"无尽的发现"面前慨叹广袤。
给孩子阅读发现的动力，温暖的家庭和父母的怀抱，加上足
量的阅读素材，足矣。

陪伴是父母的工作，而阅读是孩子的工作。

② 多陪伴孩子，每天都抽出一点时间，陪他们玩，陪他
们聊天。

只有每一天都陪伴，父母才能最终成为读懂自己孩子的

专家。市面上铺天盖地的那些"专家""教育家"的高谈阔论，对你家的孩子的成长其实没有多少帮助，外人不可能读懂你的孩子。

我也只能读懂我的孩子，经过几年的细致陪伴，昫爸现在已经是昫昫的专属专家了，昫爸也只能成为昫昫一个人的专属专家。

▲ 只有陪伴里的欢声笑语，才能让孩子真正爱上阅读。扫码观看昫昫读书的视频

③ 从小要多陪伴孩子玩拼图、玩积木，多陪孩子做一些，或者玩一些开放性的玩具。

④ 很多不建议孩子学数学思维的"专家"，其实都不是真的懂什么是数学思维。数学思维贯穿生活中的点点滴滴，我们数孩子的手指头，脚指头，和孩子聊天说"吃饭后，再

休息一会儿，咱们就读绘本哈"，都有数学思维。

所以，不要被专家吓到，他们可能自己都没有孩子，或者没有花时间陪孩子，甚至很多人都不爱陪孩子。

⑤ 从孩子很小的时候，就要让孩子干家务，这一点非常非常重要。

⑥ 要平等对话，一定不要凶孩子。

因为孩子不听话，或者听不懂我们说的，就凶他们吗？

那我们面对年迈又多少有点糊涂了的父母，难道也会凶他们？并美其名曰爱他们？

平等对话的意义，是在未来，你将成为孩子心中最为尊敬尊重、最为珍惜的"父亲大人"和"母亲大人"。科学育儿启蒙，终能让父母得到一个"贵子"。"父母凭子贵"也绝对不是少数派。

⑦ 从很小就要注重体育锻炼。

好啦！其实还有很多点，但，就先到这里吧！

什么样的人生才是美好的

2011 年的新年，我离职的消息不胫而走。很多老板都在那个新年里，热情洋溢地给我打电话，邀请我去他们的公司。在一个国家大项目里，看到一个具备如此开疆拓土能力的"职场野兽"，在那一两年里，我是很抢手的。住房、高薪都不是问题。

也是那个新年，我和祖母一起伴着屎尿，上了我的人生很宝贵的一课。

我的祖父和父亲

2009 年我硕士毕业，很清晰地看到，我的家庭、我的经历、我的专业，特别是硕士 3 年的磨砺，让我一进入工作岗位，如鱼得水。我是个抓住事情绝不放过的人，那个时候，"7/24""五加二白加黑"都让我觉得很有安全感，因为我扛住了这样的压力，就等于扛住了我们家的脊梁。

▲ 我的祖父是一名军医

我祖父是彭德怀的部下，战争年代，曾经因为进城执行任务被伪军盯上，一个人开着摩托车从城头冲下护城河，腿上挨了两颗子弹，狂奔 7 公里甩开"尾巴"回到大部队。

祖父回忆说，挨枪子时，不觉得疼，就感觉凉了一下。等看到大部队，心里放下了，低头一看腰部以下全红了。枪里就剩一颗子弹了，本来想着跑不了就给自己留着，没想到跑出来了。当时赶紧往天上开了一枪，就没有知觉了。

祖父因为性格桀骜不驯，受过处分。他身为军医，所带的连队，要求战士慢吃饭，即使被批评也坚持。结果，他的连队战斗力数一数二。我小时候经常拉出床底下两个大箱子来玩，里面是祖父获得的数不清的军功章。

▲ 我的父亲是一名铁路工人

我父亲是一名铁路工人，屡获市级劳动模范称号，为人耿直，两次被顽劣的职工下黑手偷袭。有一次，一个被他处罚的职工下班后，在黑暗处拿着铁锹朝我父亲头上狠狠一铁锹。看父亲满头鲜血，没事儿人似的，反而笑着看着他，吓得当时就跪下了，说："段长，我错了！"这时候，后面来了几个相熟的同事，他们在医院跟我说："我们到的时候，就看你爸头上血一直往下流，他也不管，就那么直勾勾看着跪下来的那个小琦，最后，你爸笑了，说了一句：走吧，派出所！"

人心，是只要家里有，外面不强求的。祖父离休后，进了地方单位补差。那儿有个处长，经常对女职工动手脚，也经常占职工便宜。有一次，祖父煮了几个汤圆，估摸那处长要进门了，拿凉水泡了一下，处长一进来，祖父就说："这汤圆煮早了，要不给您热热呀？"那处长嘴上笑着说没事，一口咽下去，把食道给烫了，疼得嗷嗷叫。这事儿在单位很快传开，大快人心。

我的人生就这样，伴着屎尿

养育我长大的祖母，是党组织在战争年代给祖父安排的一任妻子。那时候祖父已经有了两个儿子，其中一个就是我父亲。而我的祖母在 2009 年之前，据说还在世。至于他们为何分开，我不得而知。祖父也一直三缄其口。

这个秘密，也随着祖父，和养育我长大的祖母的离世，一同入土为安了。

2008 年，祖父因肺癌住院，插了尿管，几次换尿袋，我都不小心把尿弄了一身，有几次还到了嘴里。同年，祖父和祖母吵架，祖母弄丢了祖父一箱子军功章。这件事，也让祖父的那些从来不露面的外甥、外甥女一下子站了出来，劝祖父去了敬老院。

2008 年的新年，深夜 12 点，万家团圆，我却是在家里和敬老院之间往返着，送年夜饭、送饺子汤圆。14 平方米，是祖父在敬老院单间的面积。这个空间里，空气的味道很重要。屎尿都是会挥发的，人的年纪大了，身上是容不得半点儿不干净的，需要经常清洁。活着的每一天，都要体面。这在老人还能动的时候，只要子女勤快一点，就能做好，但一旦瘫倒床上，情况就复杂了。

作为儿女，看敬老院，那是断不能让父母老了去的地方，这是我的人生经验。我甘愿自毁前途，也没有送祖母去敬老院。但祖父，就是在那里丢了他的魂的，我对"屎"的怕与熟悉也是在那里开始的。

我从小就和祖父祖母生活在一起，特别喜欢他们身上的味道。后来，给他们洗澡清洁，自不在话下。

2008 年，那个晚秋，我的母亲查出食道癌晚期，我开始在学校、家、医院、敬老院之间穿梭，生活一下子丰富了很多。我发现医院的伙食确实很不错，喜欢上的几道菜，每次去医院时，母亲也会提前帮我打好。那段时间，我开始有点儿胖了起来。

　　当真正拿出勇气面对生活的时候，你会看到很多和影视剧里不一样的桥段。因为如果认真热爱起生活，无论生活怎样，你都不需要思考是否要拿出勇气，每一天都是新鲜的、美好的、充满无限可能的，快乐优雅即可。

　　母亲向我口述遗嘱的那天下午，我去敬老院看祖父，也想再劝他回家。那天，他躺在床上，屋里浓浓的屎味儿，我帮祖父把裤子脱下来，看他屁股上全是没有擦干净的屎。那一刻，我第一次害怕。祖父爱干净、体面了一辈子。无论生活怎样，有魂，即是生活，没有魂了，那就仅仅只是活着了。

　　父母老了的"屎"和"尿"哪怕溅到孩子的嘴里，也是平常的。"屎""尿"不过是吃喝的果，但人生得优雅，人得有魂。

▲ 我的祖父

那几年，我不知道别人如何生活，我的生活里，大部分时间是思考如何对付"屎尿"，如何让祖父、祖母、妈妈过得优雅一点，每一天都应该快乐而优雅。

2009 年，祖父和母亲先后离世。我没见到母亲最后一面。那天早上，母亲说很想喝麦当劳的早餐粥。我去了，没有买到，回来居然看到母亲脸上的遗憾。那么要强的母亲，被癌症打击得体无完肤，体重在不到一年时间里从 120 斤掉到只有不到 70 斤，我都没有看到过她的那种表情。那天，我给她洗好，陪她吃完中饭，骑车回学校的路上，接到医院打来的电话，说母亲吐血，然后大出血，很快离世了。那碗早餐粥，也就成为我一生的遗憾，一生对母亲的亏欠。

▲ 我的祖父和祖母在北京天安门前合影留念

　　祖父是回民，按照礼仪被白布裹身下葬。我磕头时，抬头看最后一眼，那白布里，祖父的尸体已经很小。祖父生前 1 米 78，身体里有 3 颗子弹，几处弹片。那是我们家的脊梁，我们家的魂。

　　祖父是我从小就引以为傲的战斗英雄，获得无数的勋章。我的父亲是一名普通的铁路工人，得过几次劳动模范奖章。我是一名教师，毕业于天津师范大学。现在，我是我家脊梁的担当，你可以叫我昫爸，也可以叫我窦老师，但一定不要叫我"小窦"。我的姓氏不小，我家的脊梁很硬很刚。

　　因为热爱，因为曾经的职业需要，经过几年的专业训练，我的英语很好，行业专业水准。后来，我朝着育儿启蒙这个方向死磕，读了两百多本英文原版的著作，按照专攻读系列的说法，我算是读进了一个系列。育儿养孩子，我算是一把好手了，语言启蒙驾轻就熟。后来，

▲ 昫爸与中东某医药集团总裁合影

儿童心理学，更让我痴迷。工作上，我一直都是不错的。

　　回望 2011 年，在工作上顺风顺水的时候，奶奶瘫倒了。那个夏天，奶奶浑身是汗，瘫倒在卫生间。我力气很大，

但就是抱不起她来。我很害怕，因为那是我在世上唯一的亲人，虽然没有血缘关系，但祖母是我担起的这个家的全部理由，是我的宝贝。

那个时候，我定义了"勇气"和"自信"。我对自己说，如果我足够自信和足够有勇气，就可以不考虑事业，不考虑结婚生子，三十而已，先把祖母照顾好，陪她百年。我就是敢把那么好的工作放弃，就是敢不找对象，我家的脊梁就是很硬很刚。

2011 年的春节，我做了一桌子饭菜。就我和祖母俩，当然吃不完，但我想，年夜饭一定得有那么个意思，活着，就得体面雅致，人得活出那股筋道儿来。

在我端上最后一道菜，晚上 8 点多，春晚开始时刻，祖母在桌子旁的地上拉了，从床上一直拉到地上，满处皆是屎。

写到这里，回忆起来，我倒是很自豪的，因为我的厨艺相当好。那时候，祖母不同于这个岁数的老人，每顿都吃得特别多。如果不是如此，哪儿有那么多屎伺候呢？

祖母看着一桌子年夜饭、满床满地的屎尿，沮丧地看着我，说："对不起！我真不想活了。"我赶紧抱起她安慰，刚巧一个一直以来惦记着我，想挖我到他们公司的老板打来电话。

那真是一个很热闹的新年：洗被褥、清理满处的屎尿，给祖母穿上羽绒服，开窗通风，给祖母洗澡、换新衣服，洗衣服，洗厕所、热饭菜，安慰祖母开心，看春晚，给老板回电话。那顿年夜饭，我吃的时候，总感觉有屎尿的味儿。我后来想想，那是我记得一辈子的，人味儿。

我的人生就这样，伴着屎尿。后来，我太太出现了，她不嫌弃我的年龄，不嫌弃我那个小小的翻译公司，不嫌弃我瘫痪在床上的祖母；我太太的母亲甚至亲手帮我的祖母清理屎尿。

2014 年，我带着祖母离开了故里，来到北京。我家的脊梁告诉我，今后，要把太太和她的家人都照顾得好好的。

▲ 昀爸一家四口其乐融融

▲ 昫妈跟欧美医药公司的合作伙伴在一起

▲ 昫爸家的年夜饭

无论多了不起，都要从小家开始

2017 年，我建立了昫爸教育科技。现在，我已经把工作和孩子的启蒙培养很好地融为了一体。

我想要培养的，是有人味儿的中国人，有脊梁的中国人。我总有老的一天，当那个时候到来，如果我的昫昫能像我当年那样，不嫌弃我的这副臭皮囊，能让他的父亲有一分体面和优雅，"未来他不要给我吃屎"就是我现在培养的目标方向吧。人心，是只要家里有，外面不强求的。

希望，有一天，他能扛得起这个家的脊梁。屎尿也是家的味道，无论多大的学识，多大的商贾，多了不起的担当，也先从小家开始，也一定是从小家开始的。

▲ 昀爸对话前央视著名主持人杨锐拍摄现场

我是昀爸，昀昀的爸爸。公司商标名称之所以定为"昀爸"，我有三个考虑：

第一，希望更多人发现育儿启蒙的重要，感受科学育儿启蒙并非难事。当更多人读到昀爸的故事，看到这样一个普普通通的父亲，都可以做到如此，我相信会有更多人相信他们也可以；

第二，很多专家都在提"标准"，但在我看来，标准只是一种"不出大问题"的借口。父母完全可以做得更好，远高于标准。所以，育儿启蒙这样的事情，应该要由真正的父母来做。从妇产医院，到幼儿园，我满耳听到的都是这个爸、那个妈，比如像艾草妈妈，菲菲爸爸。昀爸，也是这些爸爸、妈妈中的一个，很普通，很接地气儿的普通爸爸。我那么地爱着我的孩子，那给他写的书，做的方法，就是以此为标准的，应该不会太差；

第三，很多百年企业，都是以创始人的名字命名。有一重含义，就是要把一份精神传承下去，不能因为后来人的逐利而把初心忘记，把路走偏。

我叫昫爸，我培养孩子的目标是什么呢？你们现在知道了吧？

陪伴：孩子通过阅读学会语言

我和孩子在一起的每一天都是在陪他玩。在我们的生活中没有学习，学习是要靠意志的，玩是出于本能的。

与吃饭相比，孩子更爱学习；与玩相比，孩子更爱学习。不对，应该说，对于孩子，学习就是玩。这是我育儿几年来的所见、所感，深刻的感悟。

2017 年，昫昫 2 岁多，那会儿晚上陪昫昫入睡后，我每天都还要继续工作到凌晨两三点。所以，早上昫昫都会先我醒来，然后一边叫醒我，一边给我戴上眼镜，指示我穿好衣服，然后拉着我去他的书架那边为他读书。

这就是昫昫早期的自由自主阅读，对于他，读书就是"玩"，是快乐的。

昫昫出生的时候，因为我和昫妈的父母都不在身边，为了能更好地照顾妻子和孩子，我停了我刚刚创立不久的翻译公司，当起了全职奶爸，没想到这一当就是近 4 年。

我曾经在《昫爸亲子英文早教：0 ～ 3 岁宝宝英语启蒙》中回忆那段时光：

刚开始做奶爸的日子，每天的时间都被占得满满的：哄睡、换尿布、给昫昫洗澡、清理脐带、做抚触、带他晒太阳（预防新生儿黄疸）、给妻子按摩、做"月子餐"、打扫卫生。

等到凌晨他们母子都睡下了，我再独自到卫生间关上门，小声地手洗昫昫的衣物……有时候忙到凌晨一两点，刚想坐在电脑桌前处理一点工作，昫昫就又哭了。

早上 5 点之前，我要准时起床给妻子炖汤。月子里我怕妻子抱孩子伤身体，就从没让她费力抱过孩子，喂奶也是放在"哺乳枕"上。3 个月一晃而逝，妻子没落下任何月子病，就是发现不太会抱孩子了，而我的左手腕得了严重的腱鞘炎。

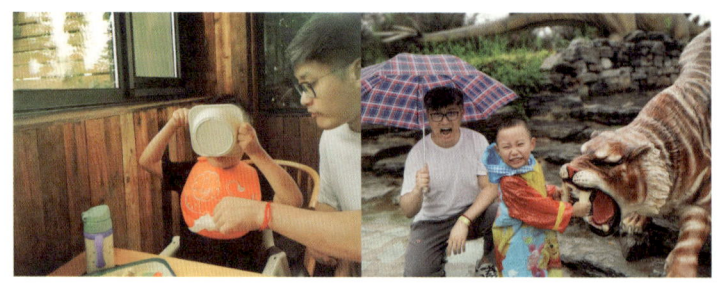

▲ 昫爸带孩子的日常

孩子学好一门语言，可以很简单

由理论到实践，这是育儿路上给孩子做语言启蒙的逻辑主线。

斯蒂芬·克拉申（Stephen D. Krashen）的"输入假说"（Input Hypothesis），以及他和穆里埃尔·萨维尔 - 特罗伊克（Muriel Saville-Troike）对于二语习得（Second Language Acquisition，SLA）的阐述给了我很多启发。当昫昫 5 岁多，手里拿着 Dragon Rider、Wonder 这样很多成人英语学习者读起来都不容易的小说认真阅读的时候，我也更深刻地领会到了自由自主阅读的意义。

2021 年，当我再次拿起克拉申的《阅读的力量》，内心百感交集。原来孩子想学好一门语言、学好一门外语，竟然如此简单。孩子热爱读书、热爱学习，竟然如此简单。

昫昫虽然还没有上小学，但幼儿园期间，他最怕的就是因为什么原因，学校停课一天。昫昫经常会说："Daddy，我太喜欢上幼儿园了。小朋友怎么能不去上幼儿园呢？"他非常喜欢他的幼儿园老师，喜欢他的同学。

明年，昫昫就要上小学了，他近来也经常会在晚上和我、昫妈聊着期盼着他的小学。昫昫会问："上小学，是不是每天都能读书啊？"听到我和昫妈肯定的回答，他特别开心地欢呼："真的太好了！"

过去6年里，我阅读了200多本英文原版书籍，大概包括6个领域：养育及学步、脑发展、感统及蒙氏、语言学和二语学习、儿童心理学，以及家庭亲子关系。

在育儿的路上，在和很多父母读者分享我的经验方法的路上，有几句话对我影响很大：一句是我还在学校读研究生的时候，每次在我们学院的教学楼走过，就会看到的那句"学高为师，身正为范"；一句是玛利亚·蒙特梭利说的"We teach them by teaching, not by correcting"；还有一句，我记不起作者，但一直在我的脑海中萦绕："Child, put your hand in mine, that I may walk in the light of your faith in me."我也很喜欢，我通过育儿实践的真实感悟凝练出这句话："当你俯身下来，站在孩子的水平线上，其实你会看到这个世界上最美的风景，那是孩子眼中，语言学的真相。"

斯蒂芬·克拉申（Stephen D.Krashen）和艾弗拉姆·诺姆·乔姆斯基（Avram Noam Chomsky）是我特别推崇的两位语言学家，这里想把他们关于阅读的观点再重述一遍。

斯蒂芬·克拉申：著名语言教育家，毕生致力于第二语言习得的研究，这为他赢得了世界性声誉。克拉申的研究结论：自由自主阅读（FVR）能大量提升词汇量。

艾弗拉姆·诺姆·乔姆斯基：享誉世界的著名学者，他的理论曾在语言学和心理学领域引发认知革命。乔姆斯基的《句法结构》被认为是 20 世纪语言学研究上最伟大的贡献。乔姆斯基研究认为：通过大量阅读能够有效学会语法。

▲ 艾弗拉姆·诺姆·乔姆斯基

克拉申和乔姆斯基一致的观点是：大量阅读，可以帮助孩子具备很高的语言能力和阅读能力。同时，克拉申也在书中指出：看电视（或者视频课程）、对话（口语对练）对于孩子的语言能力的提升效果，微乎其微。

▲ 斯蒂芬·克拉申

看视频动画，孩子的大脑是"不转"的

给 0～6 岁学习语言的孩子使用视频动画或者 AI 技术，这是我一直反对的。除了上面所讲的语言学家的研究参考外，我也做过家庭实验，曾经尝试用卡通动画视频和相关技术辅助孩子的语言启蒙。

相比大多数家长，我具有两个明显的优势：一是在实验开展期间，我全职带孩子，有充分的时间陪伴孩子；二是我的英语还不错，所以我能不断发现问题。

经过从旁"检查"，我发现，在使用视频动画和科技手段尝试教授孩子语言的过程中，孩子的大脑是"不转"的。你问他喜欢看吗？他说喜欢看。你问他看得懂吗？他说看得懂。你问他一些有关刚才所看内容的问题，他一个都答不上来。

即便按照这样公认的说法——现代语言学家，结合现代的先进科技，比如 fMRI（功能性磁共振成像），也无法获悉孩子的大脑到底是如何学会语言的。也许，视频动画或者 AI 技术多少帮助了孩子的语言学习，但这绝对不是我作为孩子的父母所喜欢、所能接受的方式。因为有更好的、不伤害孩子眼睛，不会让孩子看电子产品成瘾的方式——阅读。

听单词、听卡通、听小说、读绘本等"原始"手段获得的教学结果，相比视频动画或者 AI 技术截然不同。每次读

绘本或者玩单词时，孩子都很开心。之后，也会很"静"——主动安排自己做其他事情，比如，画画、听卡通、玩玩具，或者拉着家人讲讲故事。与此形成非常鲜明对比的是，每次看完卡通，孩子会很"闹"——很焦躁，不是乱发脾气，就是发呆、乱喊或者乱跑。

▲ 阅读之后，孩子会开心地跟书合影

杜曼博士有一句话，我也感同身受：

"我们给孩子设计的很多所谓的玩具，其目的就是为了'摆脱'孩子，让孩子可以自己在旁边玩。"

　　我们的会员父母，大致也分成两类：一类，是努力赚钱，为了能有更多时间陪伴孩子的；另外一类，是努力赚钱，为了可以给孩子提供一些线上线下课程或者电子产品，让孩子自己玩，他们就可以不用陪伴孩子。欣慰的是，到目前为止，后者所占比例不足 5%。

语言启蒙成功的关键是"父母给孩子的陪伴"

　　由理论到实践，我的启蒙路走了 6 年多。经过 6 年多的积淀，理论和实践充分结合，我在这本书中和我的读者们进行了细致分享。相信我的读者都会是努力赚钱，为的是可以有更多时间陪伴孩子的母亲或者父亲。

　　如果真的如此，那么请无论如何都要记住：语言启蒙虽然不能孤立为之，需要前面所述的 6 个领域联合作用，但其本质是"孩子的成长"，而语言启蒙成功的关键是"父母给孩子的陪伴"。

　　我看过很多心理学家、家庭课堂教授都在批评父母，说他们这里做得不好，那里做得不好，意味着"你家孩子没教好，就是你们做父母的咎由自取"。我感觉这样的专家教授也是在制造焦虑。

相比弗洛伊德，我其实更喜欢阿德勒，因为弗洛伊德总喜欢"溯源"，从源头找问题。但阿德勒不然，他是给问题的主体找一个未来的目标，如果目标对了，那主体就会往好的方向发展，问题自然就"解决了"。

所以，我提出：所有的父母都可以成为自己孩子的专属专家。

▲ 这位爸爸在用昀爸的方法给孩子闪卡，陪伴中的快乐只有真正深入其中才会懂得

我给大家举一个鼓舞人心的例子：

国际著名亲子沟通专家、美国最畅销亲子教育书作者 Adele Faber 在书里写道：有孩子之前，她作为专家教育别人如何处理问题，有了孩子，她的世界一下子坍塌了。直到有一次，在当地的儿童指导中心，听一位年轻的心理学家 Haim Ginott 博士的一次讲座，让三宝妈妈 Adele Faber 重新扬起斗志。之后经历了大量的育儿实践，Adele Faber 最终成为自己孩子的专属专家。

更为美妙的是，Adele Faber 也影响了她的女儿 Joanna Faber，女儿也成为自己孩子的专属专家。两代人都写出了影响和鼓舞很多家庭的很不错的书。

我很想和我的读者们说："孩子的育儿启蒙，一定是你自己的事情。不要错过成为孩子专属专家的机会。"

语言的美好不在于它本身，而在于它所面向的未来。一旦真的那么做的时候，当你俯下身来，你会看到这个世界上最美的风景，那是孩子眼中语言学的真相。

▲ Adele Faber 所写书的封面

英语学习一定躲不过这件事

我用两个问题导出下面的文字。一个是我们的很多会员问我的问题；另外一个是我刚刚认识昀妈时，我问她的问题。

会员问我："我们家里都不会说英语，那孩子按照昀爸的方法，系统高效阅读，之后能流利地开口说英语，要怎么说呢？我们也不能和孩子用英语对话呀。怎么引导孩子英语对话呢？如果孩子说了英语，孩子说啥我们也听不懂啊，怎么办呢？"

孩子一定要开口说英语

开口说，是外语学习一个必需的过程。孩子一定要能够开口说英语，每天都说一些，英语才能更好地被掌握。怎么做到呢？特别是家庭成员都不能说英语的情况下，怎么帮孩子说英语呢？

我和昀妈是因为英语相识的，我们共同认识的一位德高望重的长辈，很喜欢我们俩。有一次，这位长辈正好和昀妈在一起吃饭，突然想到我，就给我拨了通电话，说我和昀妈既然都是英语从业者，通过电话用英语聊几句好不好呀？

我后来知道昀妈是做国际业务的，全球飞，就好奇她每天用多少时间练习英语。这个问题从我们认识一直到结婚之后，才找到答案：她根本不花时间练习。昀妈有一次正式回答了我的这个问题："我每天和国外客户沟通谈判，就是练习了啊。"我非常疑惑："同传行业有句名言：一天不练自己知道，两天不练同行知道，三天不练全世界就都知道了。"

那段时间，我还常驻在天津，一周 3～4 次来北京找昀妈，每次路上两个多小时，我的嘴都在不停地练习英语演讲。"不练习的话，语言不就慢慢荒废了？只靠谈判聊天那点时间，节奏也稀松，怎么能保持水平呢？"昀妈微笑而淡定地看着我说："我们是用语言做生意，能拿到几千万的生意就可以了。"

后来，昀妈经常说，她的英语确实是比不了我的，但是，如果她像我这样练习，那英语水平早就远远超过我了。这点我是非常认同的，昀妈是作为引进人才拿到北京户口的南京姑娘，她身上有我所没有的灵气。我是属于"推土型"的，我相信努力和坚持。

我从学习英语，到后来在一定程度上可以自如运用英语，有个阶段，我突然发现，掌握了双语，脑子比之前要明显好用一些。当我把从书上学到的知识运用到每天带孩子这件事上的时候，发现记忆力明显比以前要好。育儿启蒙的方方面面，书看一遍即记住。

我后来总结：用身体记住的，更加扎实。

后来，我们开启了"共读小组"。共读小组就是针对一本书的带读、讲解、答疑、实操，在群内集体学习一段时间，把一本书学习扎实，把书中的知识精准地运用到日常生活带娃育儿的实践中。

"共读小组"的发起，其实是基于过去几年的积淀。其中一个灵感就是来自跟读训练，没错，如果想把英语学得很好，一定躲不过的一件事就是跟读。

手里拿上一本书阅读，和用这本书作为素材，然后给别人去讲，相比起来，后者阅读的速度会更快，内容也会记得更扎实，也能更加灵活地用书里的知识去说明一些问题。

但如果，孩子只是阅读英语绘本、桥梁书、章节书，那也只是在能听懂英语这个水平上不断"扩容"，让能听得懂的内容积累得越来越多。但如果在正确的时候，让孩子开始大段大段地练习说英语，就像我只要开车路上时间比较长，就会不停地练习说英语一样，孩子对于英语的掌握，就会跃到一个非常高的水平上。

大部 大练 大成

让孩子开口大段说英语并不容易，特别是父母的英语水平不高，引导孩子就更加不容易。该怎么办呢？

2020 年，我在家里办公的时候，制订了非常周密的练习方案，采用英语同声传译的"影子跟读"训练方法，陪伴昀昀进行非常系统的跟读练习。在那段时间，我感受到昀昀英语语言运用能力的大幅度提升。

后来，我把整个练习下来的方方面面进行了梳理总结，发现了跟读训练的难点和关键要求点：

① 孩子一定要能很清楚地听清单词里面的每一个音素，能准确辨别听到的每一个单词；

② 找到合适的跟读素材，将句子进行合理的适合孩子跟读的"切断"；切断如果不合理，孩子跟几次跟不上，就会削弱练习的兴趣和信心；

③ 单次跟读的时间要不断拉长（孩子能不能坐得住，就

看之前父母陪伴启蒙的水平如何了）。

　　昀昀的跟读训练进行了大约 10 个月后，明显的语言提升表现在：

　　① 快速进入英语小说章节书的阅读（自然拼读大概学习 2 周，就可以流利阅读了）。阅读不再依赖图片，阅读完全摆脱了对于绘本的依赖，正式进入纯文字"真书"的阅读；

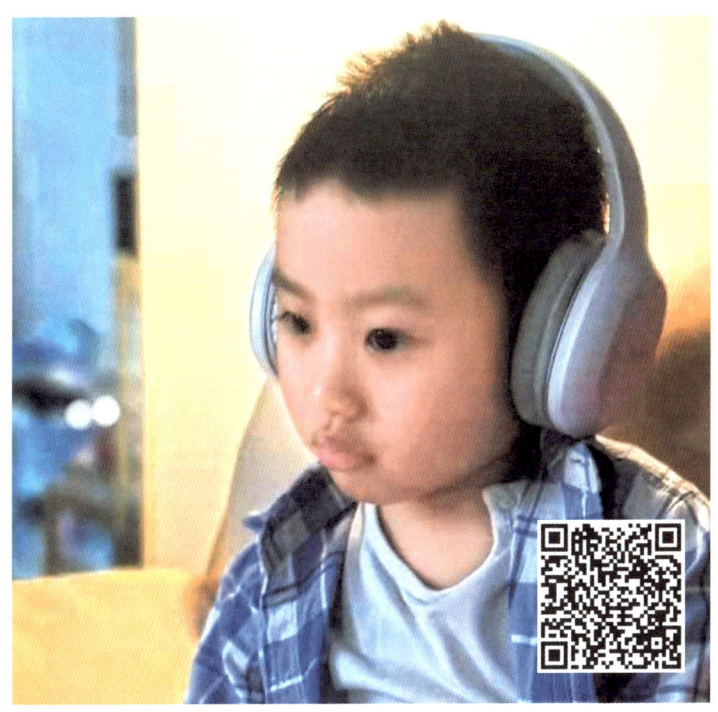

▲ 戴上耳机，昀昀可以连续跟读一小时，扫图中二维码可观看跟读视频

② 愿意更长时间听英语小说，听得更加专注了；

③ 发音更加稳定、准确；

④ 每天脱口而出用英语交流的频次更多了；

⑤ 对书籍阅读更加痴迷。

我曾经把能听懂、能跟读、能通过文字阅读这三个不同英语学习阶段总结为 6 个字，分别是：大部、大练、大成。孩子能听懂英语，这其实是一个"模糊概念"，只能听懂一个单词，和能听懂一整本英文有声小说，都叫"能听懂英语"吗？

这样说来，孩子听懂英语，其实是一段很长的路。英语学习要持续在路上，不断"看听"绘本，那整个过程，就是一个"大部"的学习。

跟读训练一开始，你就会发现，孩子和阅读绘本时的状态明显不同。跟读训练当然会更枯燥一些，孩子也更容易"坐不住"。那怎么办呢？

自然要加强每日的陪伴，提升孩子坐得住的能力。如果父母通过我们的方法启蒙陪伴得很好，那跟读训练一定不成问题。同样，孩子跟读的水平也客观成为父母陪伴启蒙水平的一个标尺。还有，上面我说到跟读的一个难点就是要把跟读时间不断拉长，所以，跟读这个训练，真的是"大练"。

能通过文字进行阅读，在我看来应该是信手拈来，不费吹灰之力的。如果孩子学习自然拼读，学习认识英语单词，都需要练习 1 年，那就未免有些可惜。我们要把这个学习周期压缩到孩子成长的自然生理学习习惯所适应的速度。昀昀用了 2 周，就学会了自然拼读。

一旦孩子识字了，那接下来，阅读背诵英语词典、通过阅读找到孩子的兴趣所长，就都成为未来的可选项。

▲ 昀昀不到 6 岁，可以玩 12 岁到成人的玩具彩虹塔，并顺利通关

后记

  大卫·布兰肯霍恩在《没有父亲的美国》（*Fatherless America*）一书中阐述：美国社会缺少父亲，是社会面临种种问题的主要原因之一。而在中国，越来越多的家庭对于育儿早期陪伴的重要性有了认识，但还是有很多家庭对早期孩子的育养启蒙缺少方法，这也是昫爸撰写本书的初衷。而路遇中国科学院"儿童发展性认知能力测评"，让昫爸作为父亲格外惊喜，他也写下了自己对于这样的专业检测的理解：

路遇这样一份"温暖的责任"

——中科超常"儿童发展性认知能力测评"

  从《自卑与超越》可以理解，作为智人的父母"逃避责任"是天性。因为世人心性里都有胆小和怯懦，都或多或少不愿意面对困境。Children: the Challenge. 父母逃避责任的最佳办法就是"责骂孩子的学习"。这既能表达自己对孩子的"责任心"，又可以名正言顺地忽略眼下自身克服不了的困境——"孩子为什么就不爱学习呢？！"

弗洛伊德坚持事应溯源，要拿到"第一手资料"，真实看到孩子成长一路的点滴，找到问题解法；阿尔弗雷德·阿德勒则认为，应该给孩子一个美好的目标，问题终会迎着光明，得到化解。

作为父母，应该介于这两者之间，看到问题，担起责任，拿出勇气，找到解法，不惧前路。

也许正如史蒂夫·比达尔夫在 *Raising Boys* 一书中所写，因为我们不知道"好父母"是什么样子的，所以，家族的传承中，在育养环节上，似乎丢失了很多"锯齿"。育儿其实也并不那么难，你做得越多，陪伴得越多，做父母的天赋就越能得到激发和发挥，最终，形成自己独特的养育方式，成为自己孩子的专属专家。

勇敢面对自己的孩子和自己，发现问题，正视问题，寻找解法，实际落地，育养祖国的未来。

"儿童发展性认知能力测评"就是这样一种温暖地面对父母责任的开始。父母不再做"责骂孩子学习"的虚张声势，真正踏实下来，面对问题，找寻解法。

　　是否可以通过优秀的家庭培养，有效促进孩子的脑发展？是否可以制作出一套非常系统的对应国际公认的儿童发展量表的指标而成的方案系统？为了回答这两个问题，2022 年 1 月 6 日下午 13:30，由昫爸教育科技发起的"儿童早期脑发展学术研讨会"在中国科学院心理研究所顺利召开。

　　本次研讨会参与单位有中国科学院心理研究所、小米有品科技有限公司，以及昫爸教育科技（北京）有限公司。研讨会由昫爸教育科技联合创始人 & 首席传播官杨锐老师主持。

▲ 杨锐老师在研讨会上发言

　　研讨会主要议题有两项：

　　一、伴随着 2022 年 1 月 1 日《中华人民共和国家庭教育促进法》正式实施，未来家庭教育将进入一个全新的时代。中科院心理所与昫爸教育科技就共同研发针对儿童早期家庭脑发展、认知能力发展的相关方案产品的项目进行了深度交流。

　　二、中国科学院心理研究所与昀爸教育科技携手合作，共同打造出一套严格遵照科学逻辑的方案系统，小米平台在全国予以推广。

　　▲　中科院心理所（左图）、小米有品（右图）与会者发言

　　研讨会中，中科院心理研究所应用发展部张莉主任介绍了中科院心理研究所超常儿童的测试评估以及人才储备工作，对测试的权威性及专业性进行了说明。小米有品方介绍了小米有品平台的基本情况，表示对于中科院心理研究所与昀爸教育科技共同研发的儿童脑发展相关产品的期待！

　　接下来，由昀爸教育科技创始人＆董事长昀爸进行了研讨会的核心议题路演："用科学逻辑的系统化产品方案，结合家庭培养，让孩子更聪明。"昀爸从儿童家庭培养的难点和关键点出发，结合5年研发积累的"理论—方案—产品"的经验，阐述了对于基于科学逻辑具备升级属性的产品系统的三方合作开发、投产、推广的期待。

▲ 昀爸在现场做核心议题路演

昀爸路演结束后，与会各方对于昀爸的观点以及对未来三方合作打造科学逻辑系统化产品方案非常认可！研讨会在三方热烈的讨论中结束。

十年树木，百年树人。家庭教育法正式出台，家庭育养任重道远，我们一直在路上。

附录

附录 1：每天 30 分钟和孩子的对话练习

自孩子出生起，我们就要不断增强和孩子进行对话练习的意识，每次给孩子喂奶时，我们都要尽力观察孩子注意力的变化。早期，你可能会发现，很难捕捉到孩子的眼神，因为他们还无法集中注意力。直到有一天，我们能够稍微长一点时间地和孩子四目相对，这意味着"每天 30 分钟和孩子的对话练习"可以开始了。

具体什么时候可以开始对话练习呢？这里，我并不想给出一个确切的答案。原因有二：

其一，您在得到答案之后，可能不想再花心思思考这一问题，本该亲力亲为的事可能也会偷懒；

其二，孩子存在个体差异，可能您的孩子可以做得更好，给出"标准答案"反而适得其反。比如玩具厂家建议 6 ～ 12

岁孩子玩的乐高，昀昀 3 岁时，在杜塞尔多夫国王大道的一家咖啡馆里，仅仅花了 30 分钟就拼了出来。

用心观察，才能得到更好的答案。这是我在陪伴孩子成长的过程中获得的最大感悟。

"每天 30 分钟和孩子的对话练习"需要家人的配合，要尽最大努力实现环境降噪。

我们有一位启蒙指导师，两年前还只是学员妈妈，当时她的孩子 7 个月大，她向我反馈，孩子奶奶整天看电视，而且声音开得很大。当时，我提醒她其中的利害关系，建议她立刻解决，否则对孩子的伤害很大。后来她努力说服了奶奶，我的心也多少踏实了一些。

除了声音，家里其他人尽量不要在旁走动。练习最好在一个单独的房间里进行，关上门，保证处于一个相对安静的状态。同时，要把身边可能分散孩子注意力的物品拿开，比如玩具、会动或者颜色鲜艳的物品、摆设。练习时，父母不能穿色彩艳丽的衣服，否则会吸引孩子的注意力。

▲ 家长会创造各种场景跟孩子做对话练习

　　练习时间设定为 30 分钟。过程中，无论孩子多大，都要以"你一言我一语"为目标。大一点的孩子自不必说，月龄很小的孩子，我们要将他们的动作、发声都视为表达。妈妈说完一句话，看孩子是否有动作或者发声；如果有，就等他结束，当然也须把握时间。

　　对于 0～6 岁年龄段的宝宝来说，年龄越小，家长和孩子每一轮的"表达"时间越趋于相同；对于年龄稍大的孩子而言，每一轮对话家长都应少说，而让孩子多说。

　　月龄较小尚不会开口说话的孩子，特别是不到 6 个月大的宝宝，家长通过"每天 30 分钟和孩子的对话练习"，一方面能让孩子逐步理解语言，理解这种一来一往、你一言我一语的沟通交流方式；另一方面可以为宝宝中文话语声输入简算做准备。

　　妈妈要强化"你一言我一语"的对话模式。宝宝一旦发出声音，妈妈就要停下，等待宝宝声音结束，再继续和宝宝说"妈妈爱宝宝""宝宝爱妈妈"之类内容重复的儿语。然后，妈妈再等一下，看宝宝是否发声回应。

　　简单做个小结："每天 30 分钟和孩子的对话练习"过程中，对于月龄小的宝宝来说，妈妈不需要注重对话内容，对话的目的主要为了培养孩子以下几方面的认知：

　　第一，熟悉对话这件事情；

第二，将几个话语声，比如"宝宝""妈妈""车车"和其对应的意义建立联系；

第三，通过看和听妈妈说话，认知并慢慢掌握说话发音的方式和技巧；

第四，让宝宝慢慢爱上对话；

第五，让宝宝喜欢上听。

对于大一点的孩子来说，妈妈要在每一轮"你一言我一语"的过程中，让孩子尽量多说。

还有一点需要明确，每天 30 分钟只是一个基本要求，即使平时不爱说话的父母也可以练习多和孩子沟通交谈。这种练习要从孩子出生后着手开始，要尽可能多花一些时间，看一天下来能不能完成 2 个、3 个、5 个甚至更多"30 分钟"。

家长和孩子说话的数量直接关乎孩子的语言处理速度，关乎孩子未来的一生，请谨记！

培养一个很小的孩子学习一门外语，比如英语，你会发现，中文和英文的学习是相通的，而且可以同步。孩子不可能中文能力发育迟缓，而英文学得很好；也不可能中文能力发育很快，而同步学习的英语能力停滞不前。

所以，我更愿意将我正在做的英语启蒙称为"语言启蒙基础上的英语启蒙"。在语言能力之上，学习任何语言其实都是相通的。

附录 2：38 组联合发音

a.b a.c a.d a.g

a.m a.n a.p a.t

a.x e.d e.g e.n

e.s e.t i.b i.d

i.f　i.g　i.n　i.p

i.s　i.t　i.x　o.b

o.d　o.f　o.g　o.n

o.p　o.t　o.x　u.d

u.g u.m u.n u.p

u.s u.t

附录 3：74 组英语的声旁

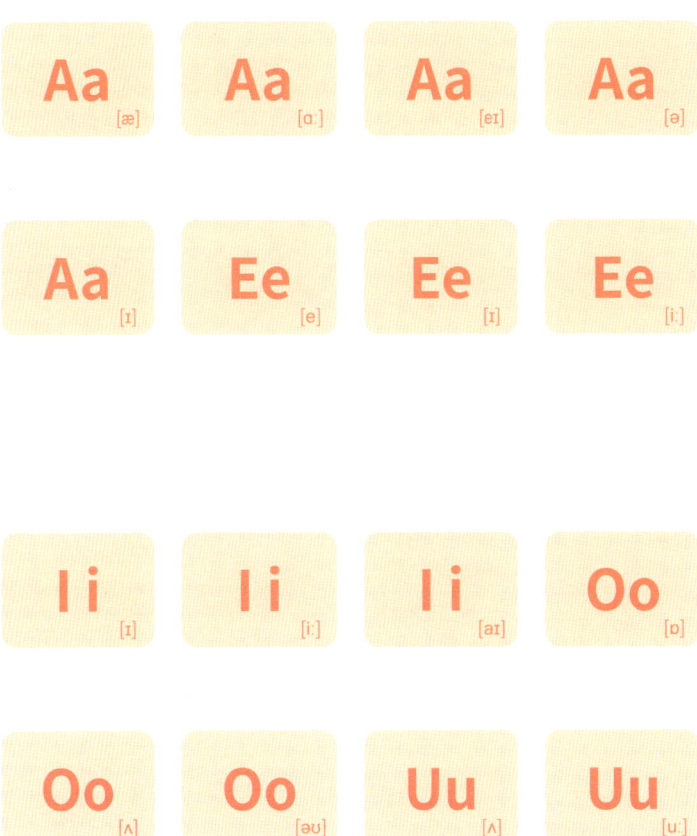

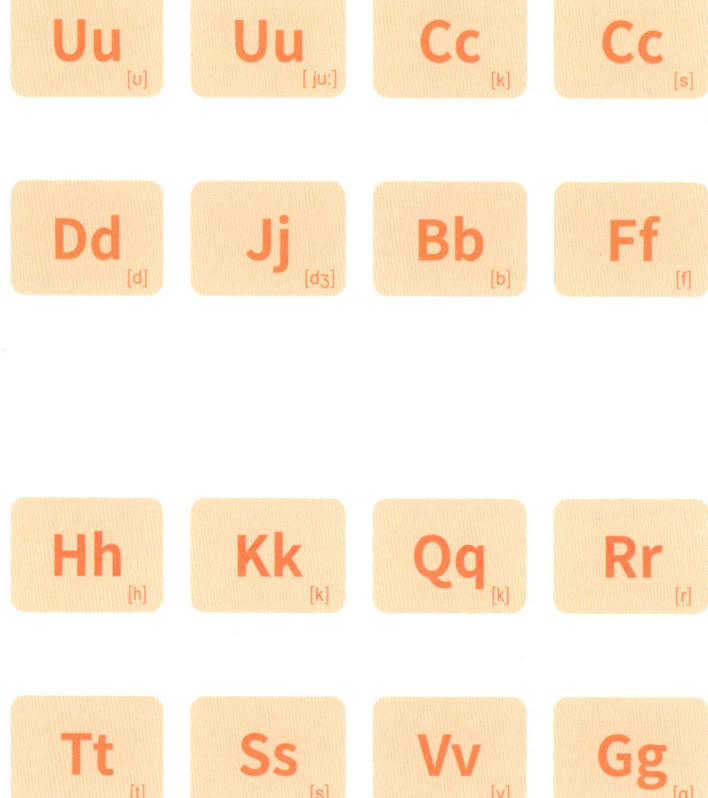

Gg [dʒ]	Ww [w]	Xx [ks]	Xx [gz]
Yy [j]	Yy [ɪ]	Yy [aɪ]	Zz [z]
Mm [m]	Nn [n]	Nn [ŋ]	Ll [l]
Pp [p]	ai [eɪ]	augh [ɔ:]	augh [a:f]

ear [eə]	**ear** [ɪə]	**ed** [ɪd]	**ed** [d]
ed [t]	**ee** [i:]	**ei** [i:]	**ei** [aɪ]
eigh [eɪ]	**eigh** [aɪ]	**er** [ə]	**ew** [ju:]
ew [u:]	**ey** [eɪ]	**ey** [i:]	**gn** [n]

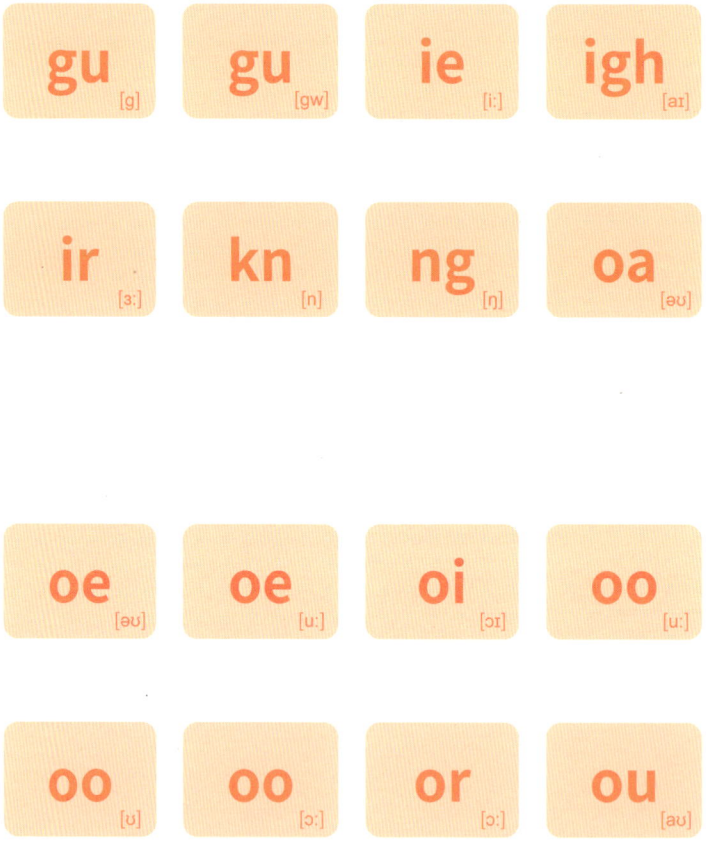

gu [g]

gu [gw]

ie [i:]

igh [aɪ]

ir [ɜ:]

kn [n]

ng [ŋ]

oa [əʊ]

oe [əʊ]

oe [u:]

oi [ɔɪ]

oo [u:]

oo [ʊ]

oo [ɔ:]

or [ɔ:]

ou [aʊ]

ou [əʊ]

ou [uː]

ou [ʌ]

ow [aʊ]

ow [əʊ]

ough [ɔː]

ough [əʊ]

ough [uː]

ough [aʊ]

ough [ʌf]

ough [ɒf]

oy [ɔɪ]

ph [f]

sh [ʃ]

si [ʃ]

si [ʒ]

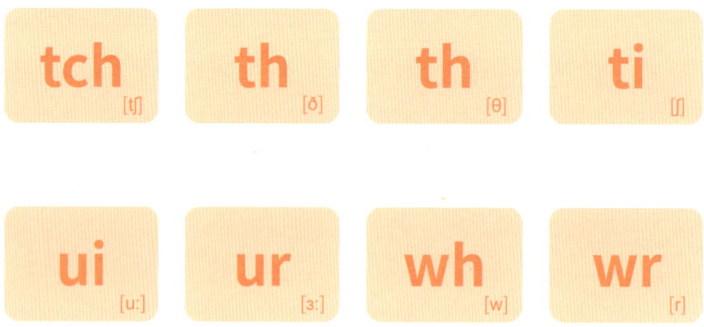